田村コレクション

引札

紫紅社文庫

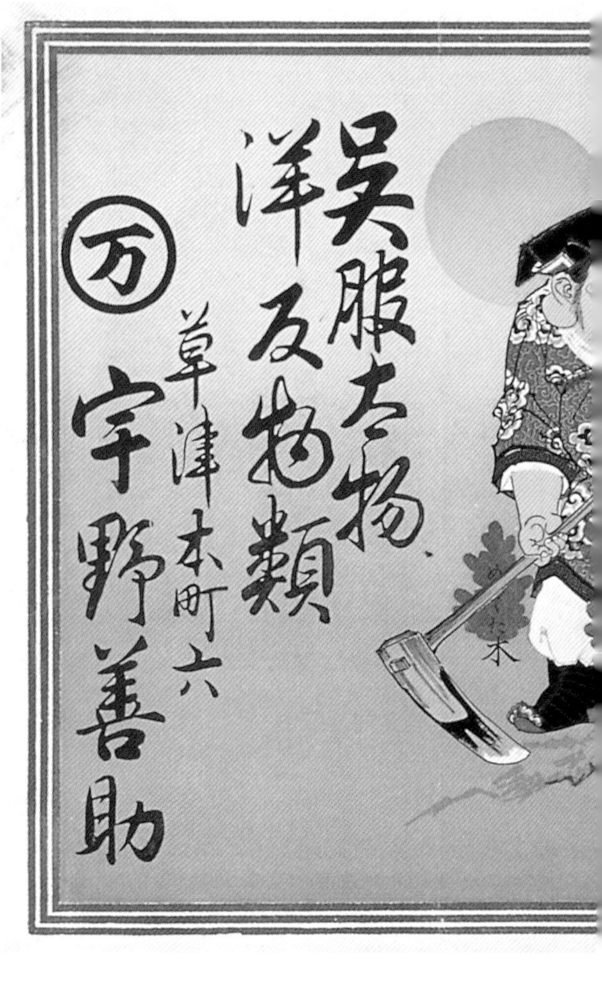

金の成る木と恵比寿大黒　石版色刷　狩野探幽原画

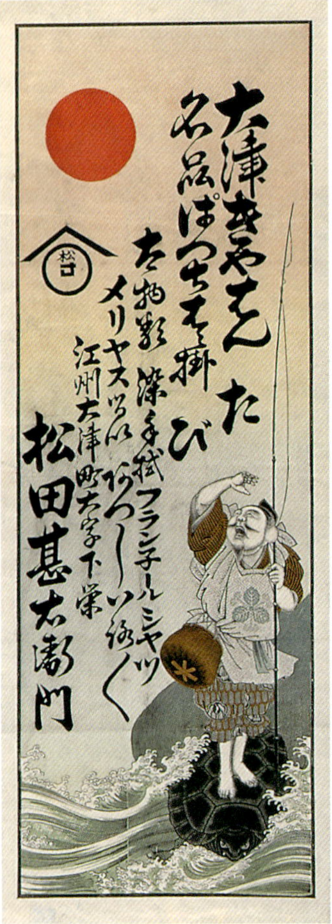
大津きやはん　た
名品ぱつち手掛　び
太物類　染手拭　フランネルシヤツ
メリヤス品々
江州大津町大字下栄
松田甚太衛門

旭日に恵比寿　石版色刷

引札の魅力

引札《ひきふだ》とは、臨時に広告宣伝の目的で作られ配布された刷り物のことをいう。江戸時代、商業主義の発展に伴って登場し、明治時代ことに盛んに発行された。それまでの看板やのれんといった常設の広告手段と大きく異なる、大量伝達手段《マス・メディア》としての広告の魁《さきがけ》である。

当初は引札という名は用いられず、「報条《ほうじょう》」とか「口上《こうじょう》出し札」と呼んでいた。初期の作例として高名なのが、天和三（一六八三）年、越後屋江戸本店の出した「現金安売掛値なし」の引札である。その口上は、

「駿河町越後屋八郎右衛門申上候、今度《このたび》私工夫を以《もって》呉服物何に不依《よらず》格《かく》別《べつ》下直《げじき》ニ売出し申候間、私店《たな》江御出《おいで》御買可被下候《おかいくださるべく》、何方様《いずかたさま》江も為持《もたせ》遣候儀《つかわしそうろうぎ》ハ不仕《つかまつらず》候、尤《もっとも》手前割合勘定を以《もって》売出し候上は、壱銭《いっせん》にても空《そら》

値《ね》不申上《もうしあげず》候間、御直《ね》き《ぎ》利《り》被遊《あそばされ》候而も負《まけ》ハ無御座《ござなく》候、一銭にても延金《のべきん》ニハ不仕候、

以上

呉服物現金　駿河町弐《ママ》丁目

安売無掛値　越後屋八郎右衛門」

（『三井事業史』本篇第一巻）

画期的なこの商法は見事に当たり、十八世紀になると、大店のみならず一般小商人に至るまで「安売札廻し」が行なわれたという。

天保八（一八三七）年の大塩の乱で全焼した越後屋大阪本店が、ようやく普請完了した天保十一（一八四〇）年、新規開店のために用意した引札は七〇万六千枚にも及んだとの記録がある（『三井文庫論叢』第九号）。手刷りの時代であったことを想えば驚くべき活力である。うち十二万余りは大阪市中に配られ、残りの五八万余枚は船や飛脚を使って諸国の得意先へ配布された。宣伝の果たす役割の大きさを確かに認識し、再起に賭

けたことの現われであり、引札が、すでにそれだけ定着していたことも知られる。
また嘉永六（一八五三）年頃成立したとされる『守貞漫稿《もりさだまんこう》』には、
「行人集る路上に報帖（報条）を携へ出て、ゆく人に与へ告ぐ。蓋し報帖を江戸は引札といひ、京坂はちらしといふ」
との記載があり、「チラシ」の語は現代にも引き継がれることとなった。
これら引札の口上には、平賀源内、山東京伝、曲亭馬琴、式亭三馬、柳亭種彦、蜀山人といった著名な戯作者たちも、コピーライターとして作文に携わり、明治に入っても仮名垣魯文から尾崎紅葉、森鷗外といった文豪までもが手を下した。
引札はこうした安売広告や新装開店・移転など臨時のものの他に、大店が年末年始に顧客に配る恒例の挨拶としての役割もあったため、浮世絵師や彫師が腕を競った精巧美麗なものが多く作り出された。勢い絵柄は恵比寿・大黒や鶴亀といった吉祥図様が主流である。金の成る木や大金を勘定する図など、現世利益の傾向も強い。ちなみに「大勉強」という語は今も変わらぬ広告の常套句で、恵比寿や大黒が大勉強と叫んでニッコリしている図など、あまりに直截な表現ながら、何か底抜けの活力が感じられて見る者を微笑ませるものである。著作権を問う時代ではないので、探幽や応挙など高名な絵師の原画を勝手に拝借した作もしばしば見られる。機関車や飛行機、電話など、文明開化の波や最新流行のスタイルがいち早くとり上げられ、また帝国主義という時代の風潮も如実に反映されている。

華やかな刷り物に接することの少なかった当時の人々は、喜んでこれ等の美しい引札を室内に貼ったことであろう。床屋や銭湯の壁面に貼られて、ポスター同様の役目も果たしたようである。今のカレンダーの如く、絵と口上や商品名のみならず、暦や料金表など便利な生活情報を刷り込んだ作も登場した。

印刷技法を見ても、木版、石版、石版と銅版を併用したものがあり、石版にしても絵の部分と地模様でさまざまな技法が駆使されている。刷りにも手刷りあり、機械刷りあり、刷毛ぼかしやローラーぼかしを使い分けるなど、実に手の込んだ贅沢な作例も多く見られる。

引札が大量に作られるようになると、印刷業者が店舗名や業務内容等を示す箇所を空白にした見本を作り、注文をとった。146・220・250頁の図版がこうした引札見本であり、14・15頁の図二様は、同じ見本を使って少し刷りを変えた例である。

こうした引札の流行は、大正時代に至り新聞紙上の広告やポスターなど、多様な広告媒体が表われるにつれて、その姿を消していくこととなる。

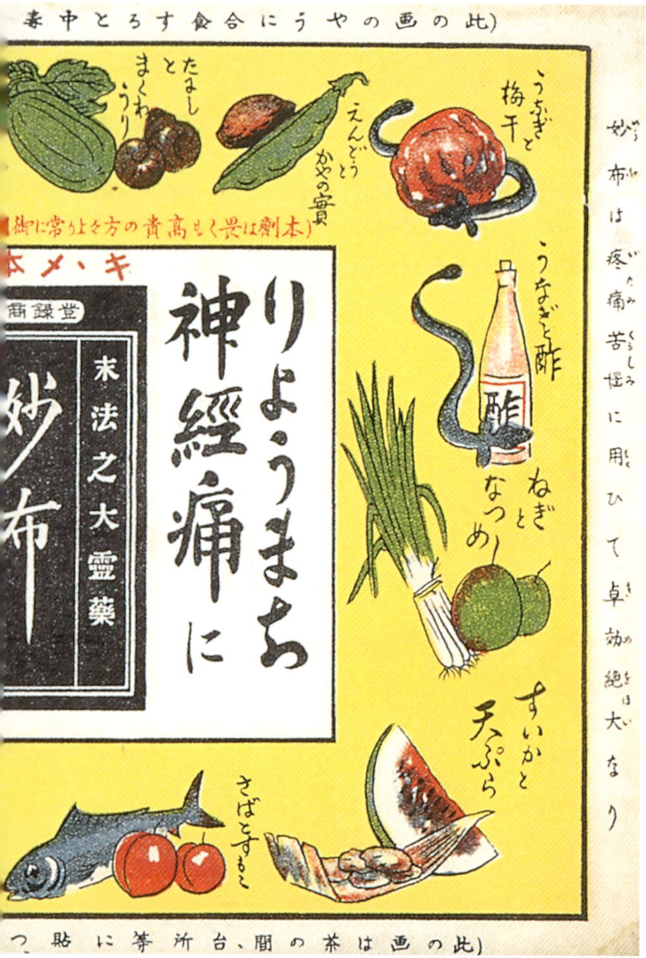
此の画のやうに合食すると中毒
うなぎと梅干
えんどうとかやの實
たにしとまくわうり
本劑は畏くも高貴の方々より常に御
キ、メ本
登録商標
妙布
大靈薬之法末
神經痛りようまちに
うなぎと酢
酢
ねぎとなつめ
すいかと天ぷら
さばとすもゝ
妙布《めうふ》は疼痛《いたみ》苦惱《くるしみ》に用ひて卓効絶大なり
此の画は茶の間、台所等に貼つ

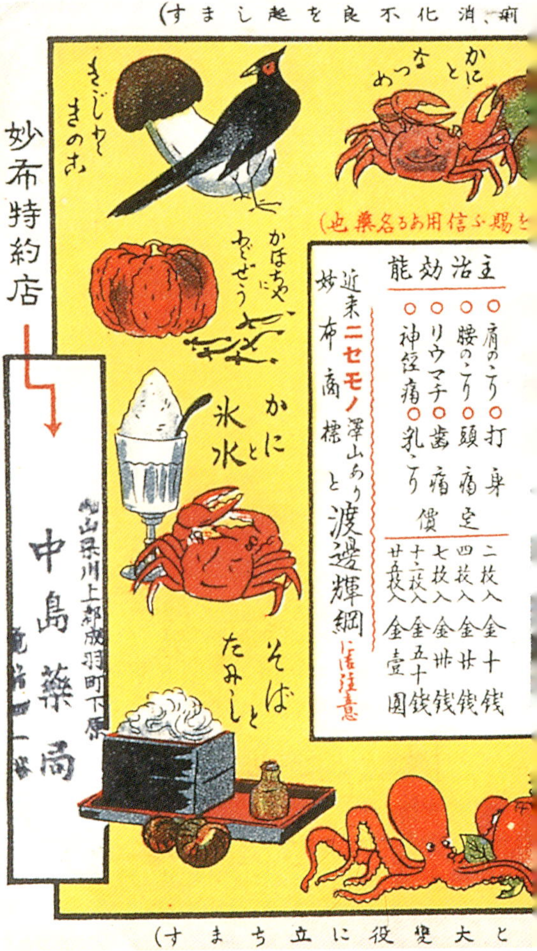
痢、消化不良を起します)
かにとなつめ
きじときのこ
を賜ふ信用ある名薬也)
かぼちゃにどぜう
主治効能
○肩のこり○打身
○腰のこり○頭痛
○リウマチ○歯痛
○神経痛○乳こり
定價
二枚入 金十銭
四枚入 金廿銭
七枚入 金卅銭
十六枚入 金五十銭
廿五枚入 金壹圓
近来ニセモノ沢山あり
妙布商標と渡邊輝綱に注意
妙布特約店
氷水とかに
岡山県川上郡成羽町下原
中島薬局
そばとたにし
と大変役に立ちます)

食い合せ　石版色刷

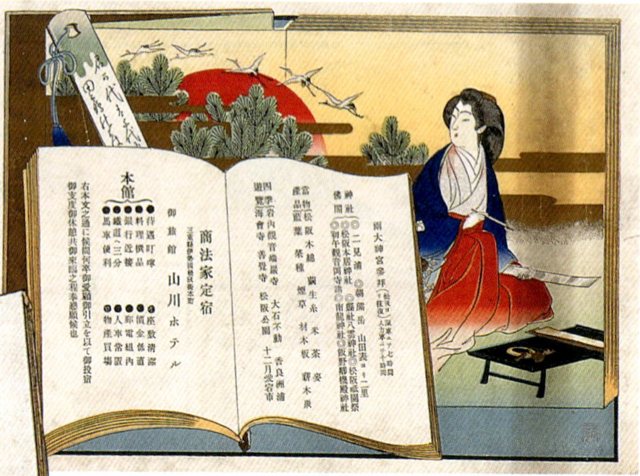

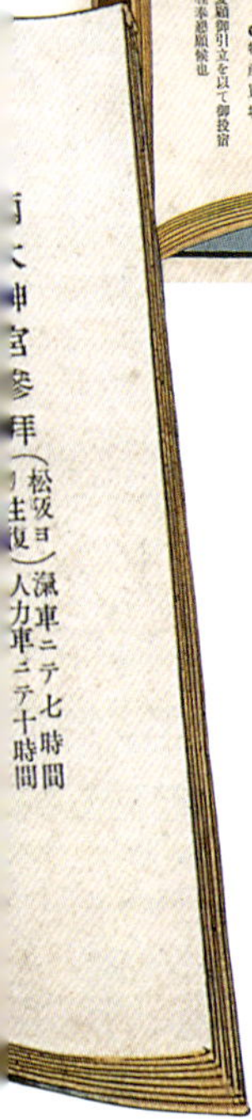

旭日に若松飛鶴女官図　石版色刷

◀ 入港之図　銅版・石版二色刷

◀◀ 入港之図　銅版・石版二色刷

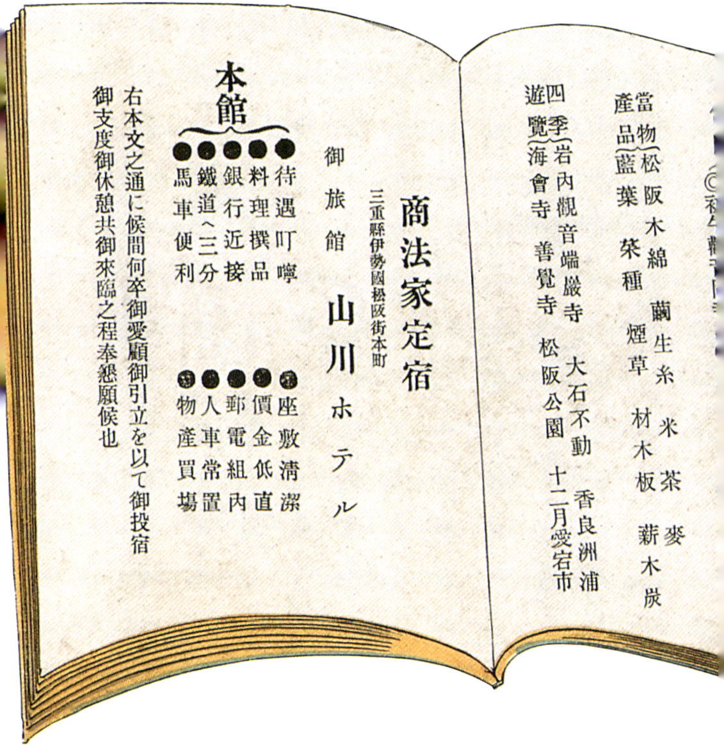
當物 松阪木綿　繭生糸　米　茶　麥
產品 藍葉　茶種　煙草　材木板　薪木炭
四季 岩内観音　端巖寺　大石不動　香良洲浦
遊覧 海會寺　善覺寺　松阪公園　十二月愛宕市
商法家定宿
三重縣伊勢國松阪街本町
御旅館　山川ホテル
本館
●待遇叮嚀
●料理撰品
●銀行近接
●鐵道へ三分
●馬車便利
●座敷清潔
●價金低直
●郵電組內
●人車常置
●物產買場
右本文之通に候間何卒御愛顧御引立を以て御投宿
御支度御休憩共御來臨之程奉懇願候也

各國貨物
運搬所
大阪東區西横堀
北久宝寺町濱角
共力組

呉服太物
古着小袖
商
正札附
厘毛引無し
式下郡川西村
大字唐院
藤田佐吉

引札

目次

凡例　本書に掲載されている引札はすべて田村コレクションである。
撮影　永野一晃

引札の原型

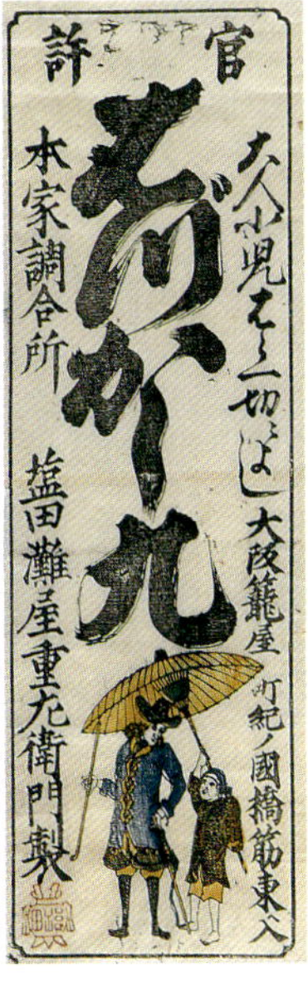

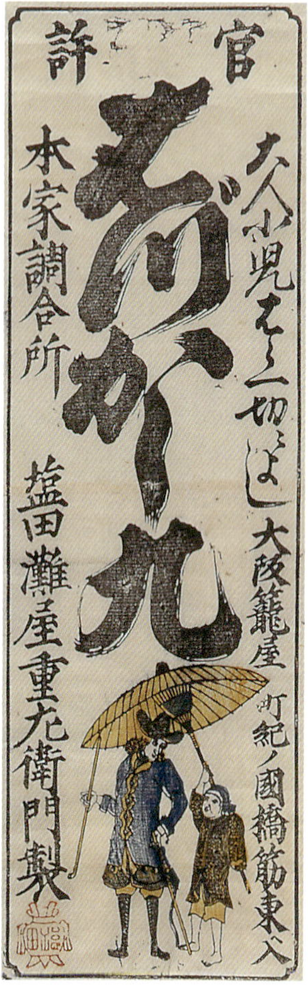

はづかし丸　木版色刷

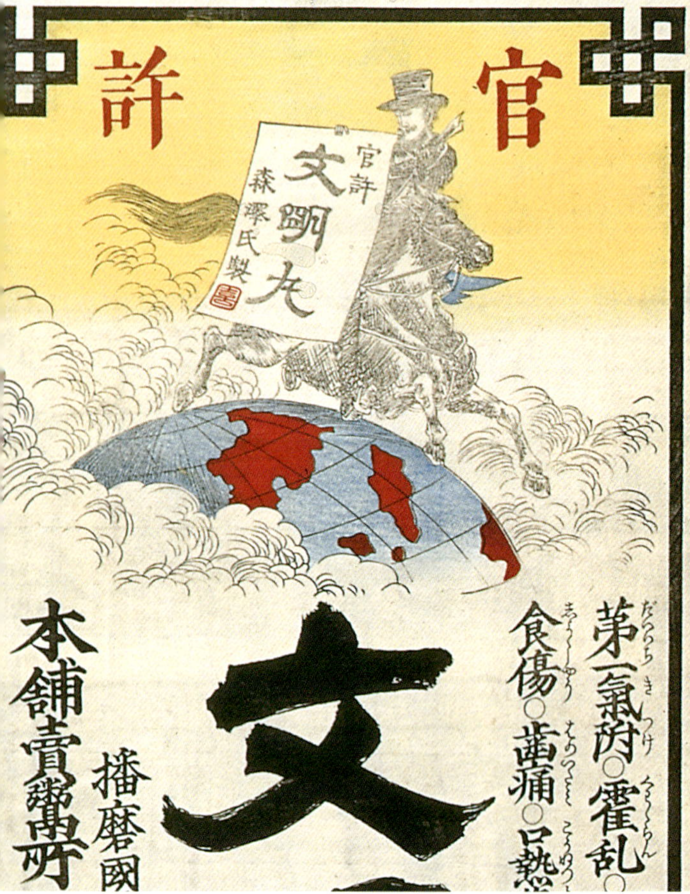

文明丸　木版淡彩

官許
官許 文明丸 森澤氏製
文明丸
食傷○歯痛
其他諸症ニ奇効ヲ見ス
本舗賣薬所
播磨國揖東郡東南村
檀山堂森澤喜十郎製
大取次賣弘所
東京 伊勢町 内藤久八
大西丹兵衛
田中弥七
森本為七
三浦平治郎
同 瓦町三丁目 岡村久右衛門
本林平三郎
木村伊右衛門
横山弥兵衛
山口金兵衛
兵庫 神明町 山平安兵衛
備前岡山元町 木村亀太郎
前田吉右衛門
小西清三郎
植田金五郎
吉岡善助
各府縣下々取次所ニ有之候間御請求有ランコトヲ

官許万能熊の油
の油
本舗
松本正勧堂製

官許
三光丸
本舗
大和國葛上郡今住
㊂米田徳七郎

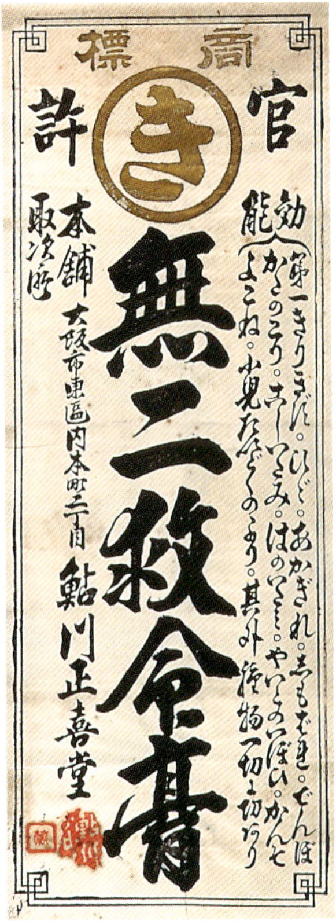

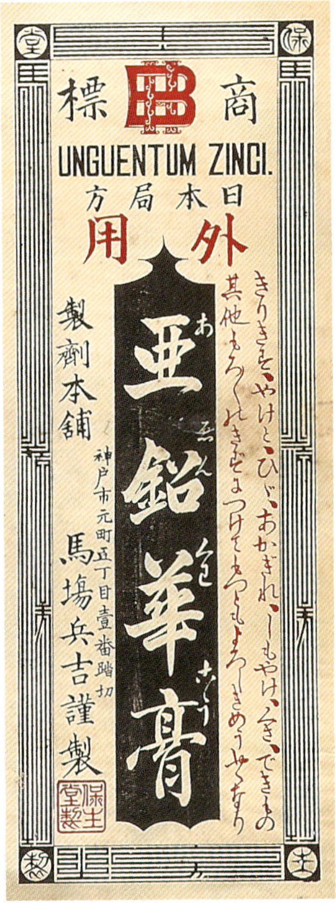

三光丸　木版二色刷
熊の油　木版墨刷
亜鉛華膏　木版二色刷
無二救命膏　木版二色刷

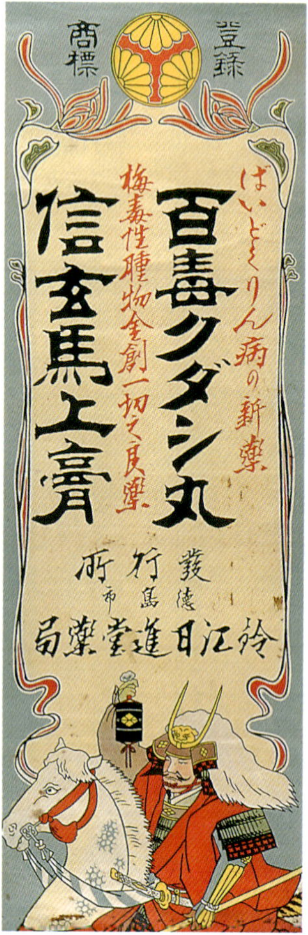

百毒クダシ丸・信玄馬上膏　石版色刷

しもやけ根切薬　木版二色刷

安神散　木版色刷

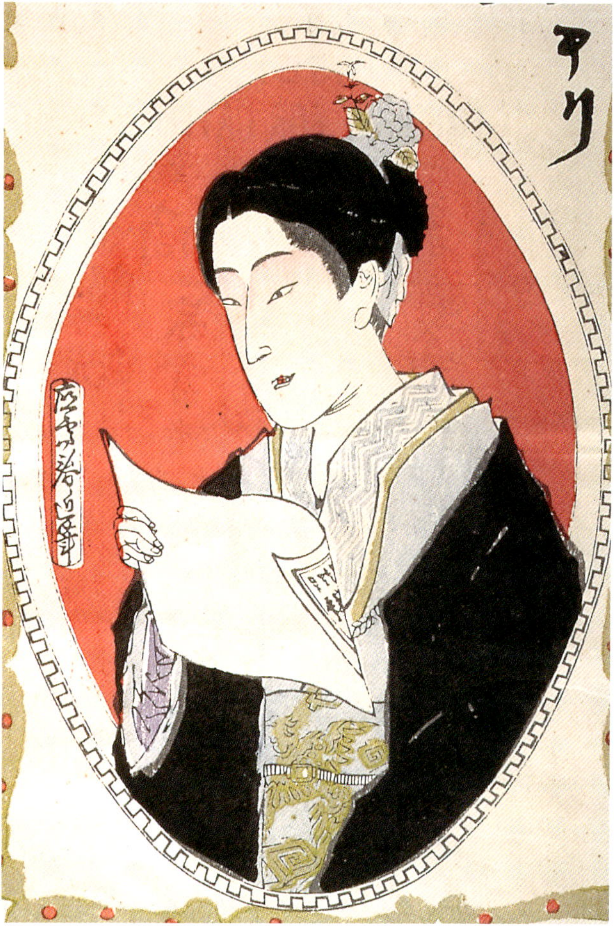

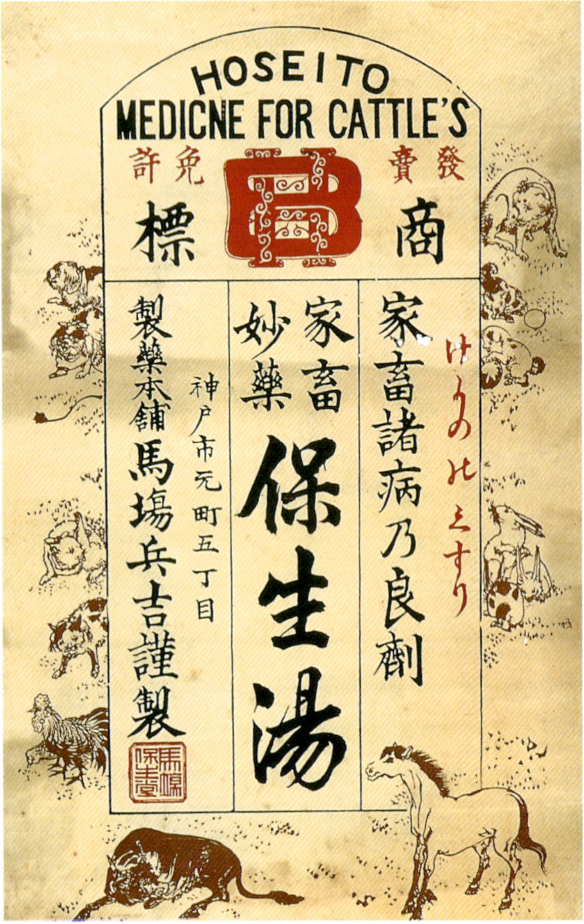
HOSEITO
MEDICNE FOR CATTLE'S
發賣
免許
商標
家畜諸病乃良剤
けものにくすり
家畜妙薬
保生湯
神戸市元町五丁目
製薬本舗 馬場兵吉謹製
馬場保生堂

家畜妙薬 保生湯　木版三色刷
殺虫散のみとり粉　木版二色刷
食物着色料　木版二色刷

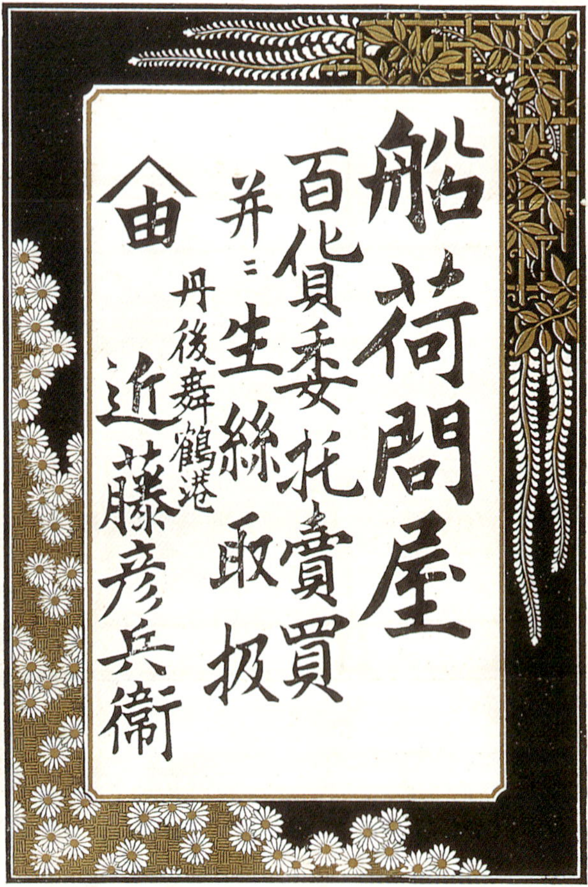
船荷問屋
百貨委托賣買
并ニ生絲取扱
丹後舞鶴港
近藤彦兵衛

船荷問屋　木版二色刷
醬油釀造商　木版二色刷

呉服太物洋端物商　木版色刷
各学校生徒用具製造販売処　銅版・石版一色刷

各學校生徒用具
製造販賣所
大阪淀屋橋筋
淡路町北入東側
諸学校御用達
前田繁國堂

正月飾りに煎茶器と牡丹　木版色刷　長谷川貞信画

商売繁盛

商品と絵様

銘酒
應擧

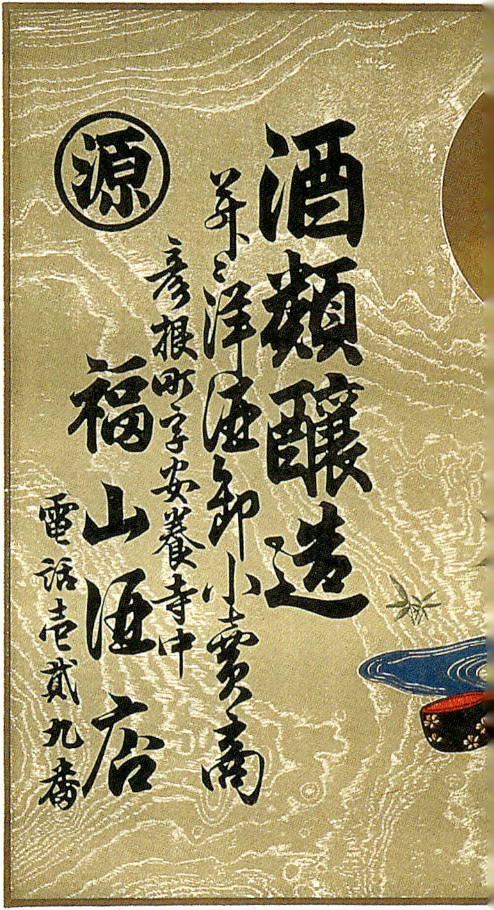

猩々　石版色刷　円山応挙原画

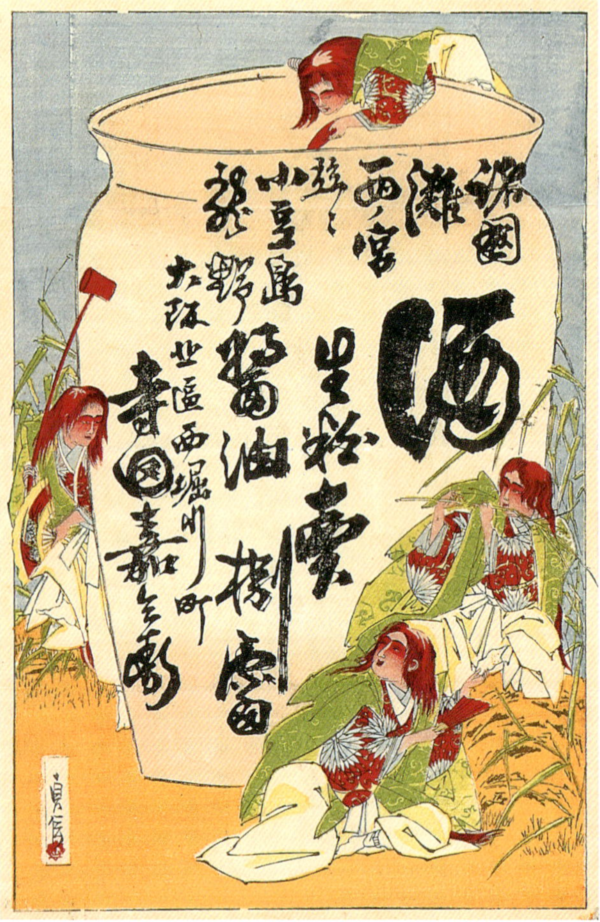

灘
西ノ宮
酒
醤油
大阪北区西堀川町
貞信

甕と猩々　木版色刷　長谷川貞信画
薦樽に盃鶴亀猩々　石版色刷

三寿老拳の図　石版色刷

百藥之長

商賣秘傳
薄利《はくり》は客《きやく》を益《ゑき》し又我《われ》を益《ゑき》す

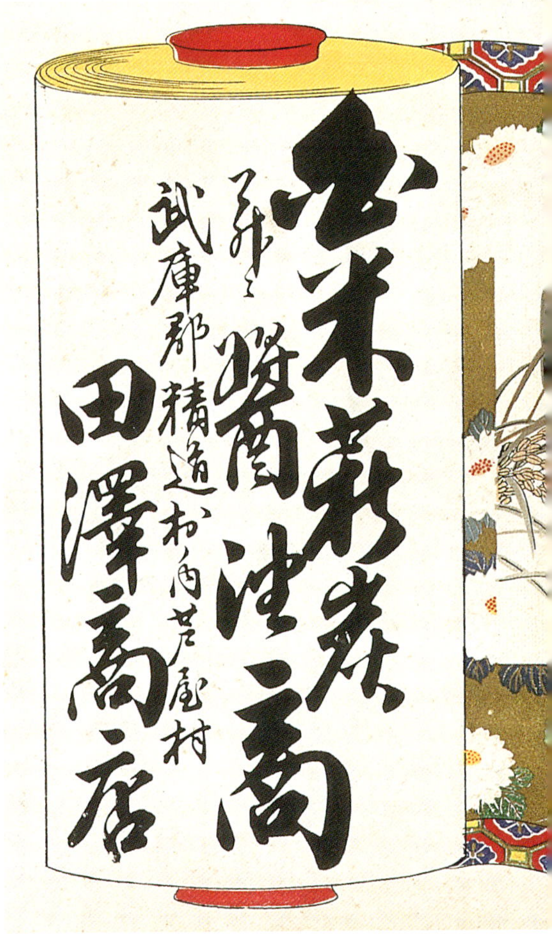

福俵と恵比寿大黒　石版色刷　観鳳画

白米
販賣所
京都市今出川小川東入ル
久
奥野商店

米問屋　明治37年　石版色刷
穫入れ　明治30年　石版色刷

醤油

醤油樽に大黒　石版色刷

青物

恵比寿大黒青物尽し　石版色刷

正品精撰

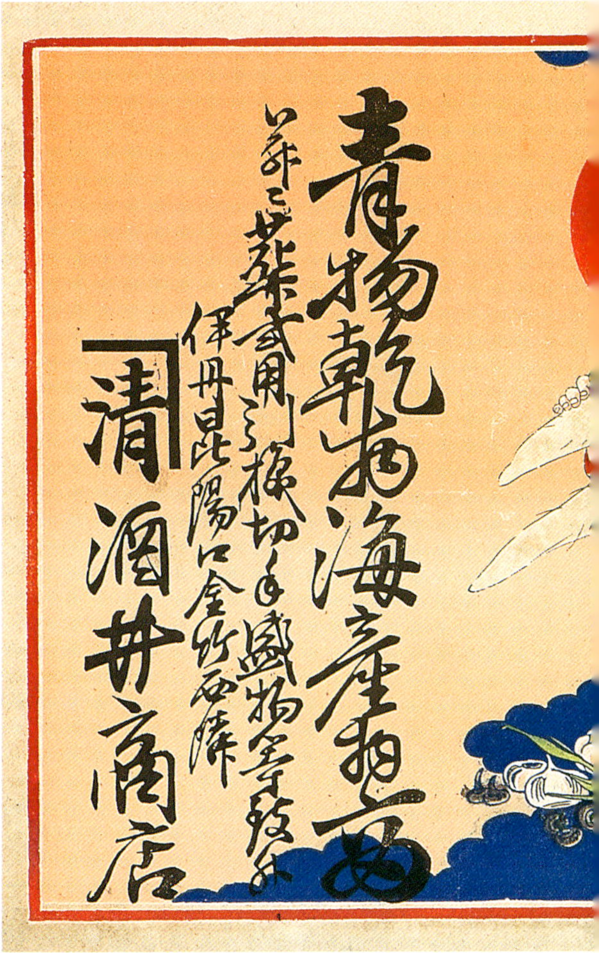

恵比寿と大根　石版色刷

高野

乾物

乾物干魚に囲まれる福助　石版色刷
帆船　石版色刷　楓舟画

宝袋と大黒　木版色刷

大坂南久宝寺町中橋東へ入

履物

下駄を持つ親子　石版色刷

履物屋の店先　石版色刷

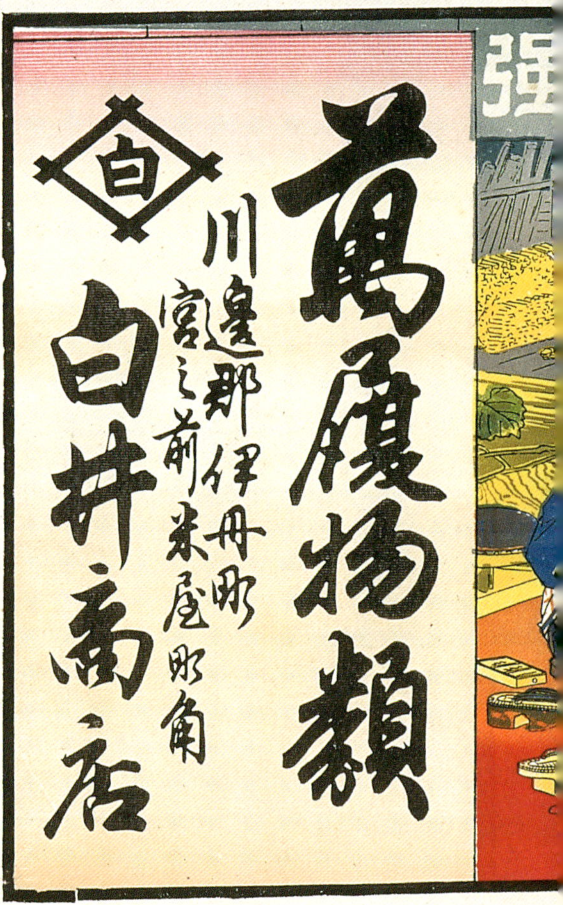

下駄職人と美人客　石版色刷

運送

和船之輩取扱
失そ品賣品夫

座
八澤根港
村國太郎

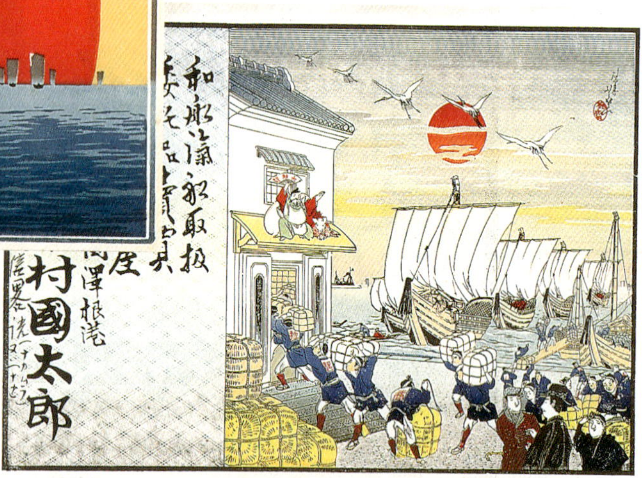

荷揚げ　石版色刷
旭日に帆船　石版色刷

左官

染物

恵比寿大黒弁天の左官　石版色刷　国一画
染物職人と母子　石版色刷
恵比寿と染物職人　石版色刷　国一画

京丸屋松次郎

西京
大阪
染物取次

誰ヶ袖図　木版色刷　寿楽画
誰ヶ袖図　石版色刷　豊年画

呉服

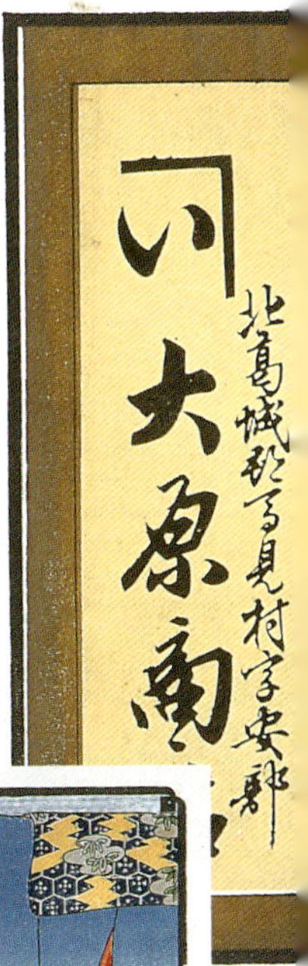

大店と呉服　石版色刷　長谷川貞信画
呉服展示と客　石版色刷

煙草

キセルを持つ達磨と美人　石版色刷
煙草屋の看板　石版色刷

内外煙草販売所
刻捲
揖保郡大津村内西土井村
矢野彌兵衛
ヒーロー
天狗巻煙草
DUKES
CAMEO
煙草
内外
捲煙

牛乳を飲む子供たち　明治36年　木版色刷
乳牛と母子　明治39年　石版色刷

牛乳

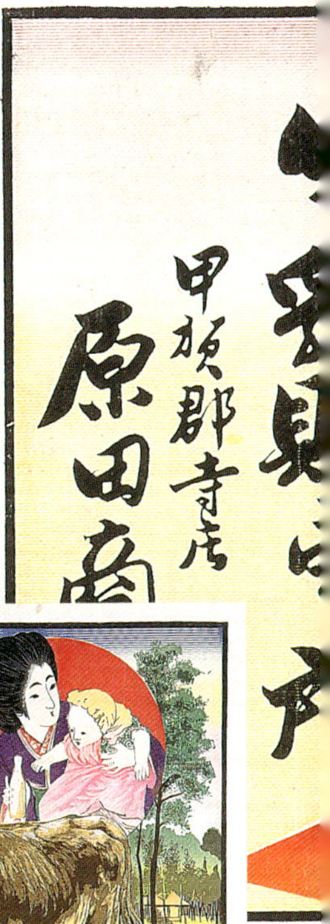

牛乳をもらう子供たち　石版色刷

福を呼ぶ
目出た尽し

景文

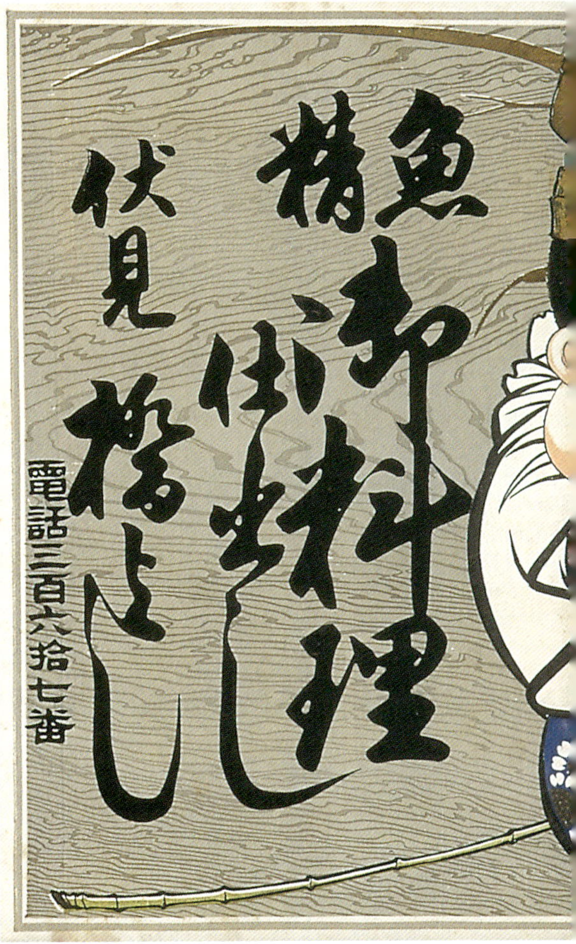

恵比寿と大海老　石版色刷　松村景文原画

棋嶺

大黒　石版色刷　幸野楳嶺原画

稲穂に恵比寿大黒　石版色刷　菊池芳文原画

そっとある
梅さく笑う門松に
ふりく明主
大黒の家

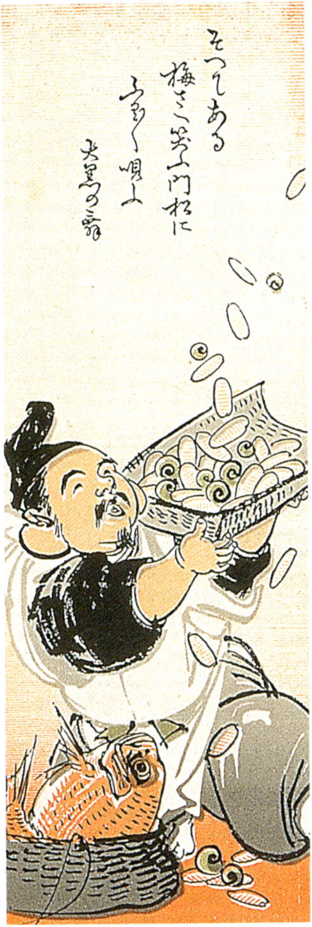

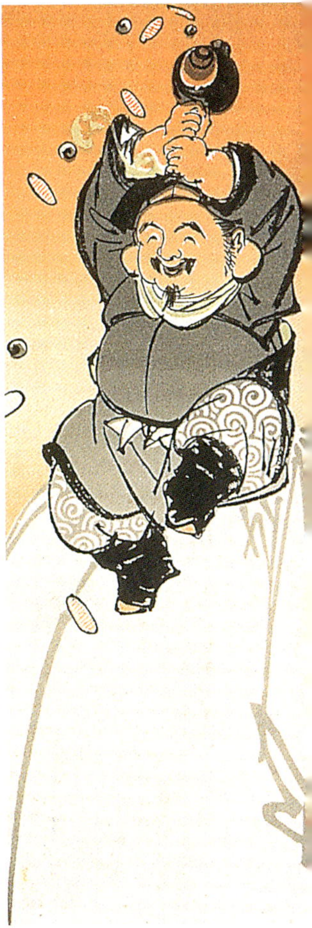

七福神　石版色刷　下村観山・竹内栖鳳合作原画

傘提灯製造
甲斐石田
谷喜太郎
商標カサキ

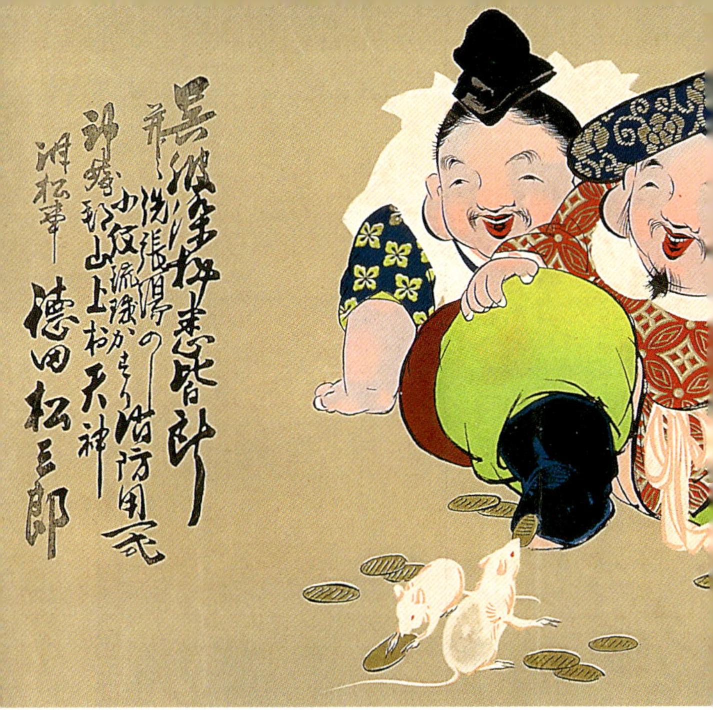

恵比寿大黒と美人　石版色刷
恵比寿大黒と鼠　木版色刷

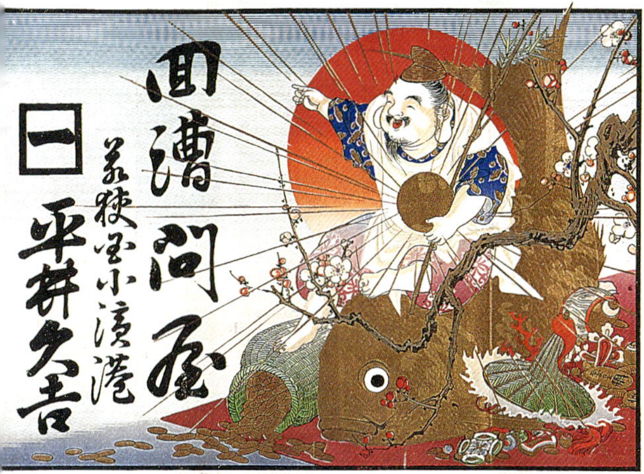

鯛乗り恵比寿　石版色刷

大鯛をかつぐ恵比寿大黒　石版色刷　呉竹画

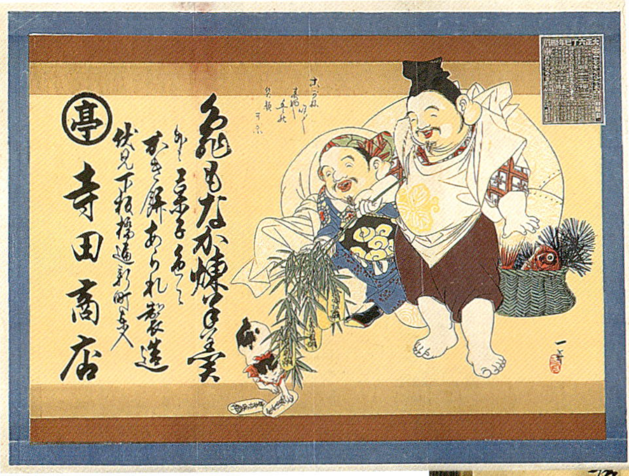

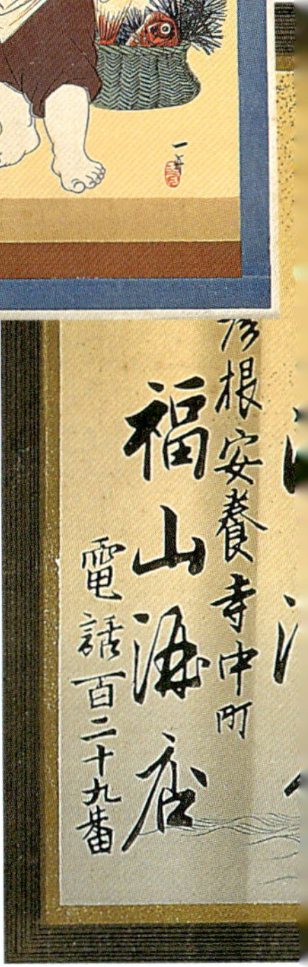

恵比寿大黒大鯛を釣る図　石版色刷

恵比寿大黒と福笹に猫　大正6年
石版色刷　一舟画

黄金山寳貝成木
大勉

恵比寿大黒黄金山宝の成る木　石版色刷

宝珠にそろばんをはじく大黒　木版色刷
鯛描き恵比寿とお福　石版色刷　巨泉画
新造船下し　石版色刷

せともかもまんぢう

売花川名所
長者をお

西村 店

下し船遊ひ所

末榮商

伏見家新中町
戸江藤吉

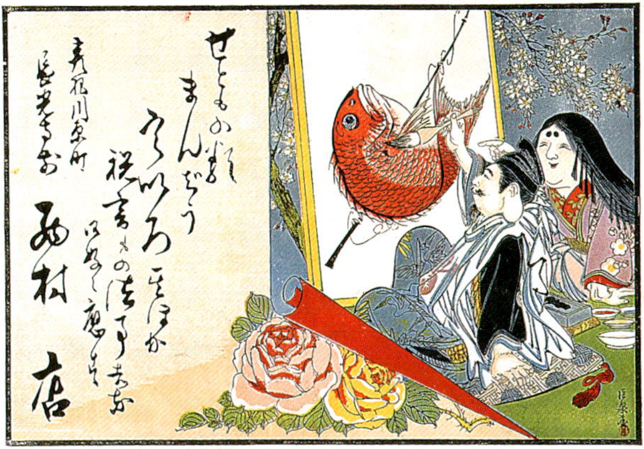

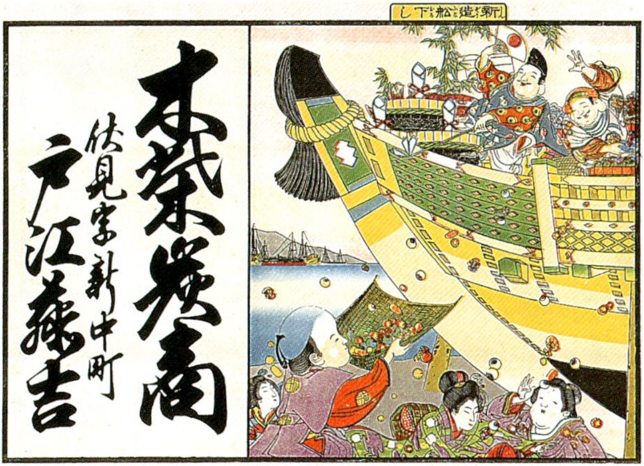

恵比寿大黒　縮緬地木版色刷

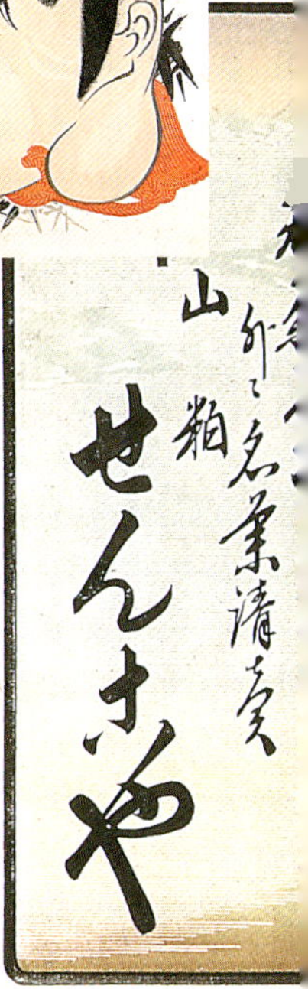

福笹を運ぶ七福神　石版色刷　巨泉画
福笹に恵比寿　木版色刷

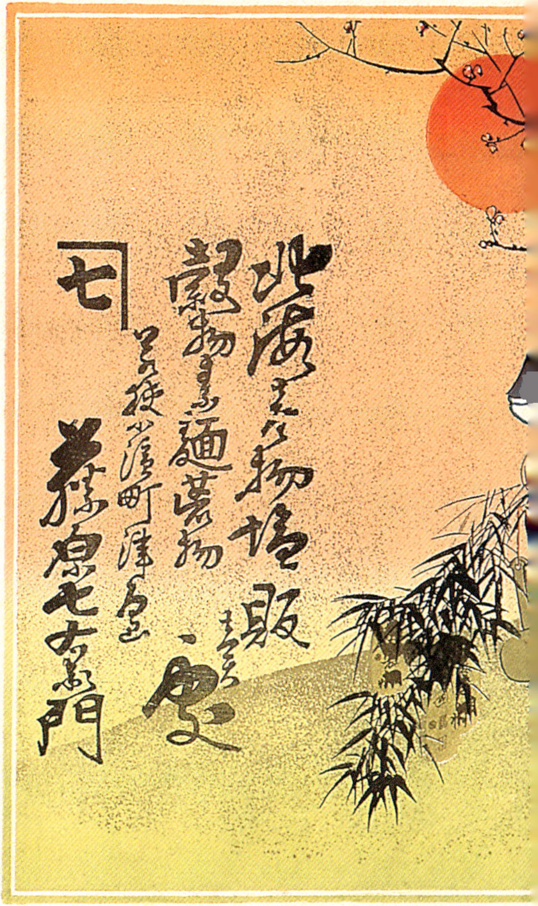

梅に福笹を持つ恵比寿大黒　石版色刷　一舟画

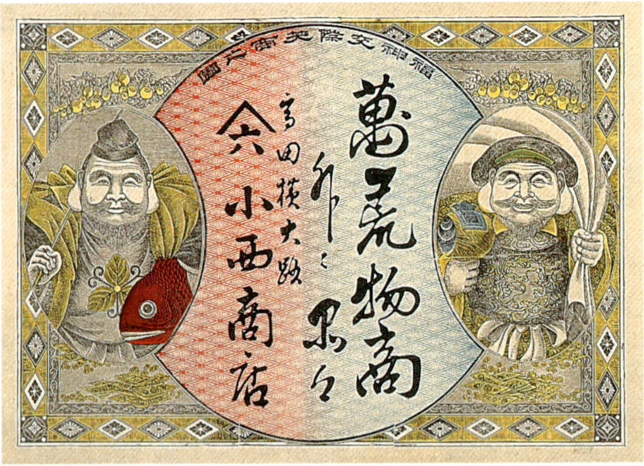

恵比寿大黒の貨幣　銅版・石版色刷

恵比寿大黒大儲けの図　銅版・石版色刷
恵比寿大黒藻刈り舟　石版色刷
市松に恵比寿大黒　石版色刷

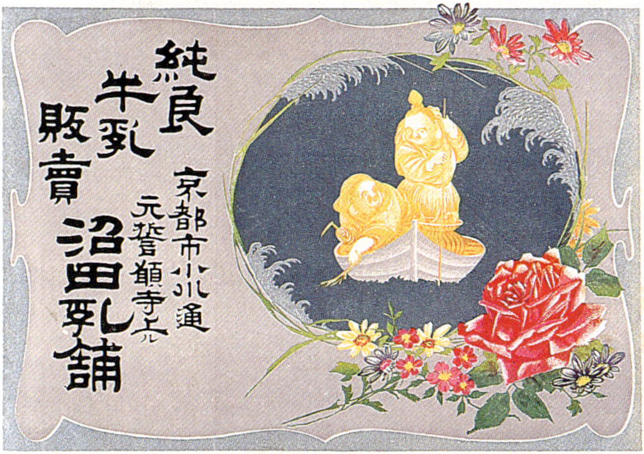
純良
牛乳
販賣
京都市小川通
元誓願寺上ル
沼田乳舗

生魚
精進 仕出し

金の成る木　石版色刷

恵比寿大黒鶴に鏡餅を持つ美人　石版色刷

福笹を持つ美人　石版色刷
茶の湯と七福神　石版色刷
福笹をかつぐ恵比寿大黒　石版色刷
福笹と宝袋をかつぐ恵比寿大黒　木版色刷

茶
餅
米穀
砂糖
荒物
粉類
山新商舗
大福帳

青物
果物
塩魚
八百佐商店
延勝寺
大福帳

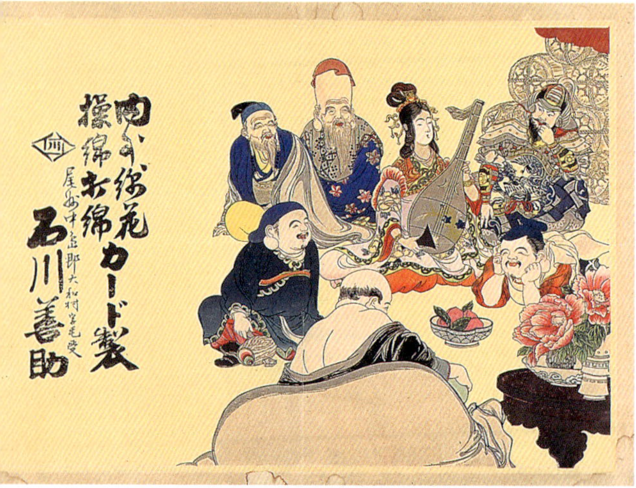

七福神　石版色刷
眠り布袋と唐子　木版色刷

引風の妙薬
熊膽圓

眠る子も
腹や八尺の
大鮑湖

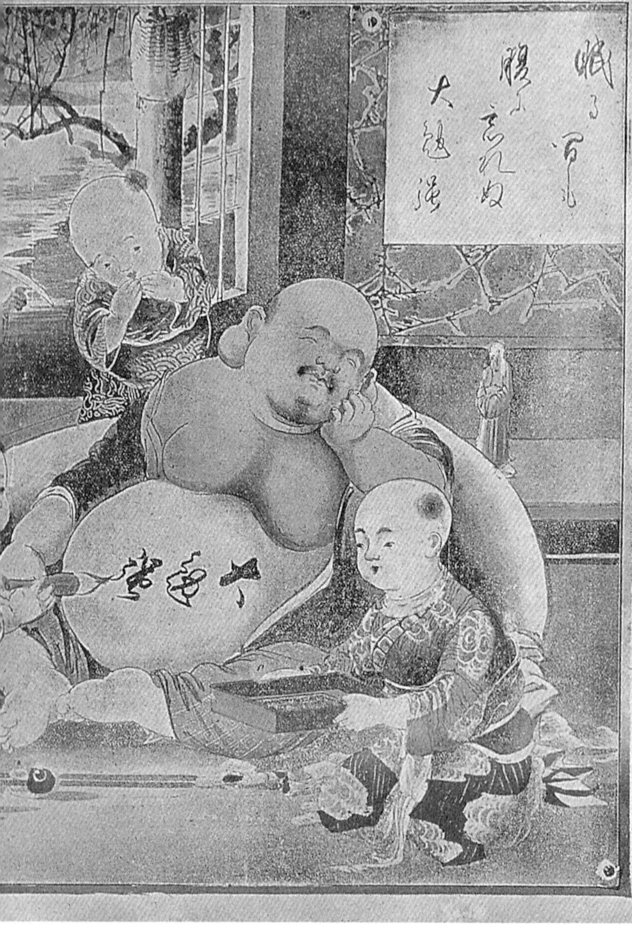

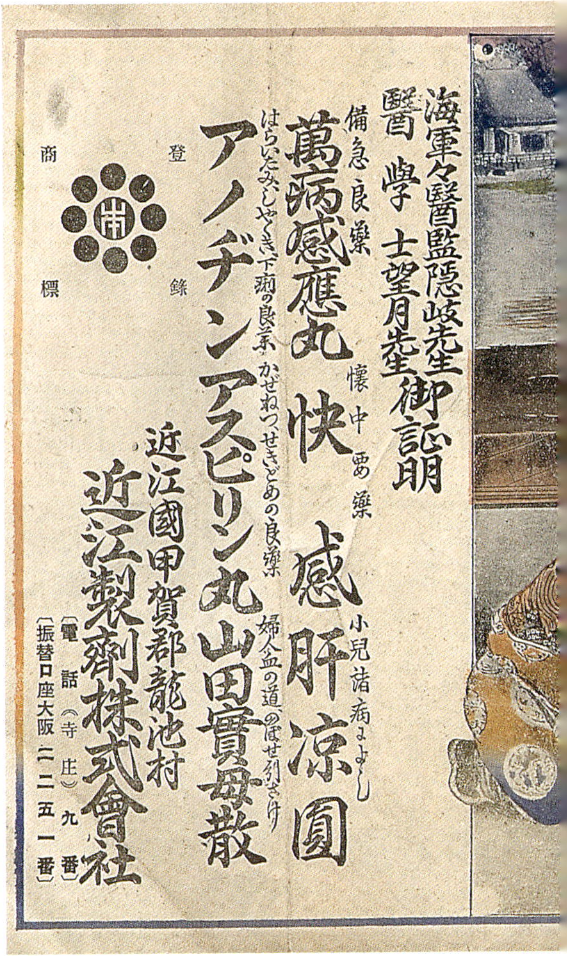
海軍々醫監隱岐先生
醫學士望月先生御證明
備急良藥
萬病感應丸
懷中要藥
快感
小兒諸病よし
肝凉圓
はらいたみ、しやくき、下痢の良薬　かぜねつ、せきどめの良藥
アノヂンアスピリン丸
婦人血の道、のぼせ引さげ
山田實母散
近江國甲賀郡龍池村
近江製劑株式會社
（電話（寺庄）九番）
（振替口座大阪二二五一番）
登錄商標

眠り布袋と唐子　石版色刷

乾物青物
松井直吉

ランプガラス品卸
彦根のぼり町
西田商店

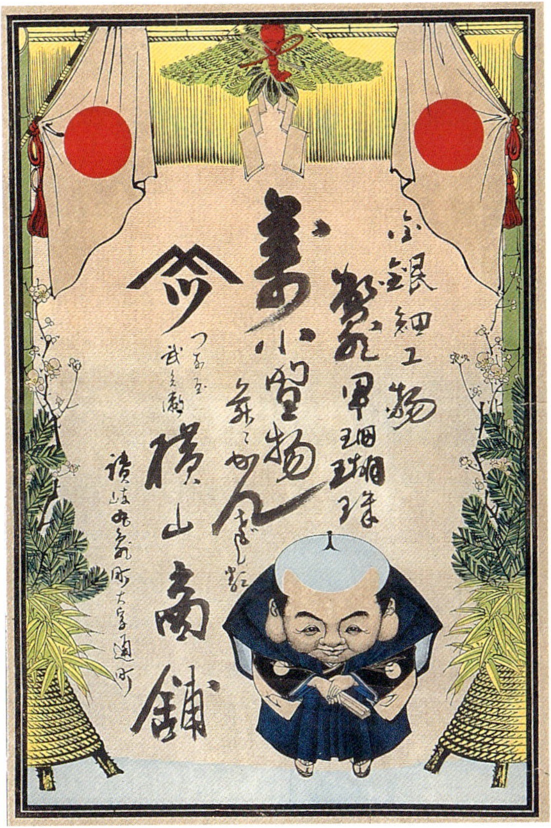

初春の福助　石版色刷
初春の福助　石版色刷
門松と福助　石版色刷

注連縄をなう福助　石版色刷

三番叟　石版色刷　西川祐尹原画
女三番叟　石版色刷

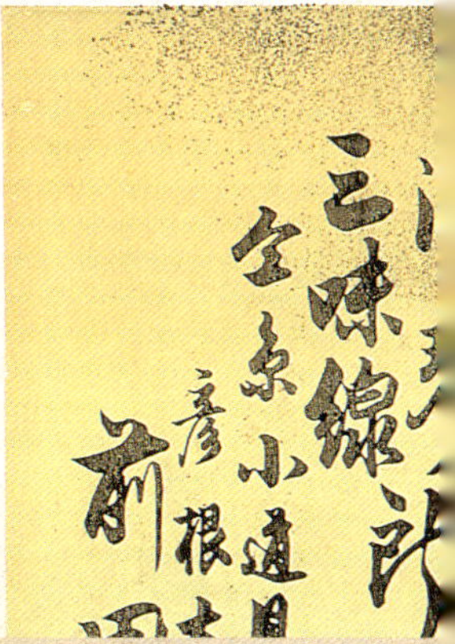
三味線
彦根

諸紙文房具学校用品
蠟燭煙草其他各種
烏川
かどや店

三番叟　石版色刷

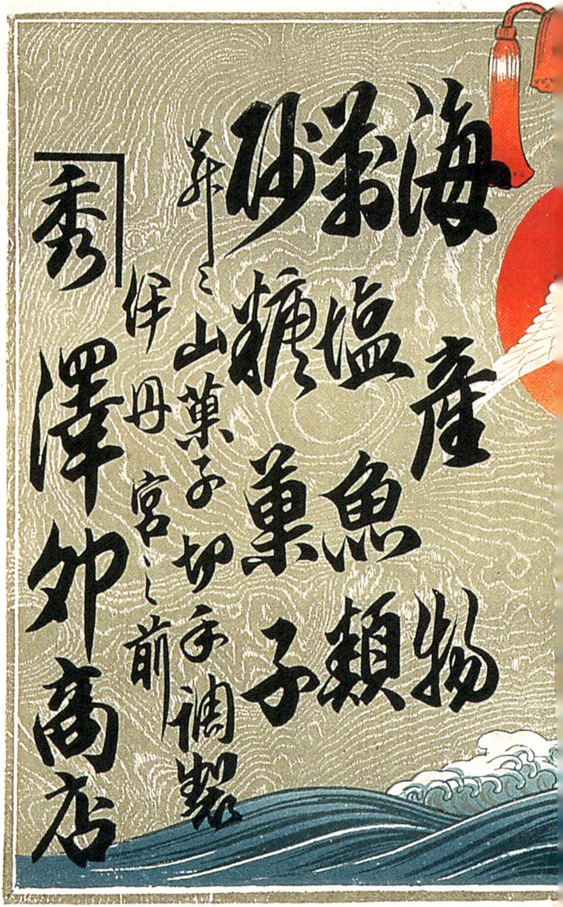

旭日に亀と海上飛鶴図　石版色刷

雪中旭日に鶴図　石版色刷　巨泉画
薦樽に鶴亀　石版色刷

和洋
酒類商
鶴亀
本家
精釀

旭日に宝船　石版色刷
宝尽し　石版色刷

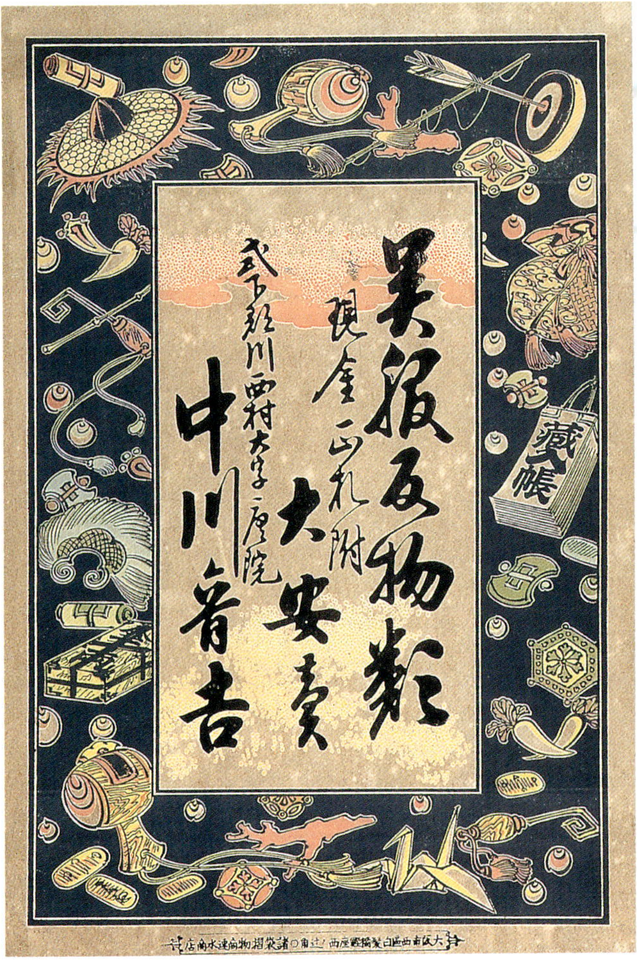
呉服反物類
現金正札附
大安売
中川音吉
蔵帳

富士に玉取り龍　石版色刷　円山応挙原画
松樹に鷹　石版色刷

牧野

小倉織地
并ニ袴地 商
大阪備後町三丁目角
西村友蔵

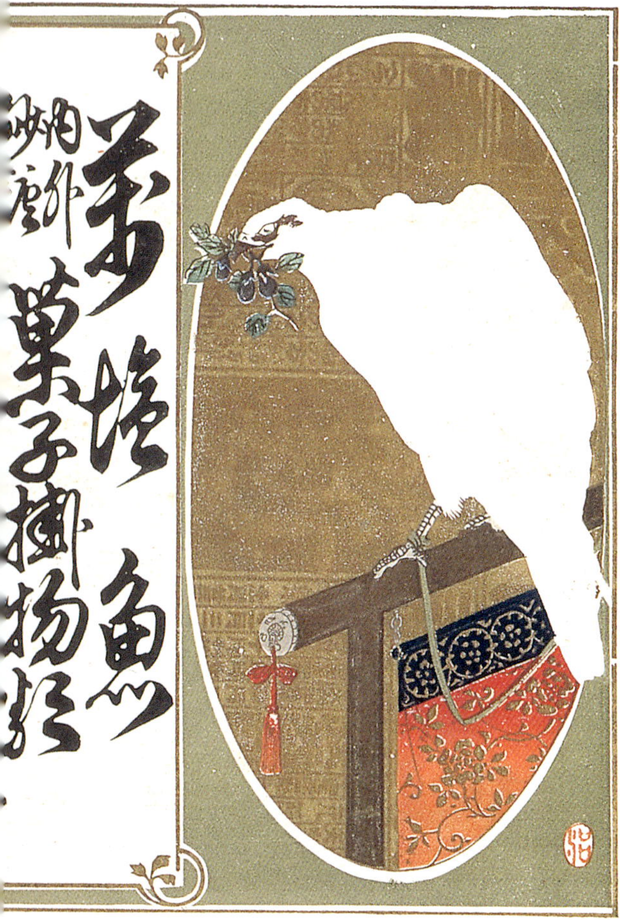
内外砂糖
菓子掛物

富士に旭日と松架鷹図　石版色刷

白米雑穀
石油商
伊丹米屋町
鹿島商店
木
直賢

左官業
伏見町新大黒
山本市松

金の成る木と小判に鼠　石版色刷　白井直賢原画
兎の藻刈り舟　石版色刷
旭日に紅梅鶏図　石版色刷　松村呉春原画
旭日に若松仔犬図　石版色刷

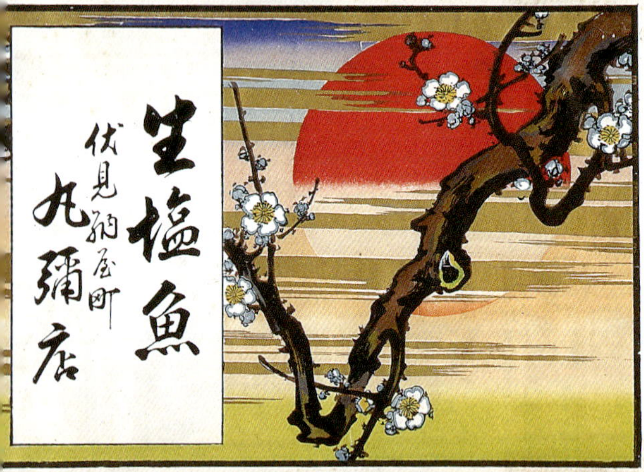

旭日に白梅　石版色刷

強く明るい

物語のヒーロー

神武天皇　石版色刷
神功皇后　石版色刷

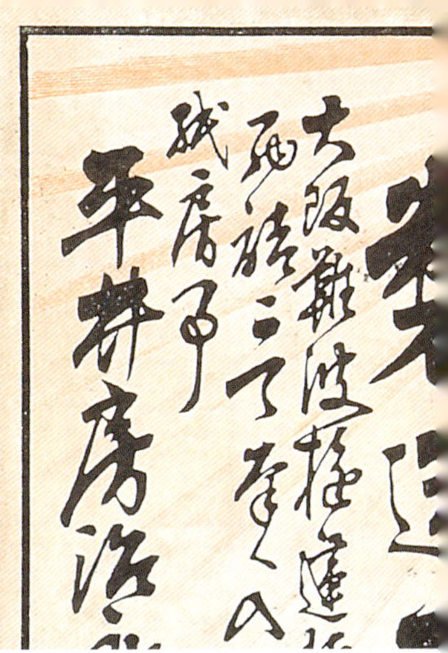

船具商
大阪市南区木津川町一丁目
三原武三郎

三社託宣　石版色刷
日本武尊　木版色刷

箱根御産物

箱根銘木香

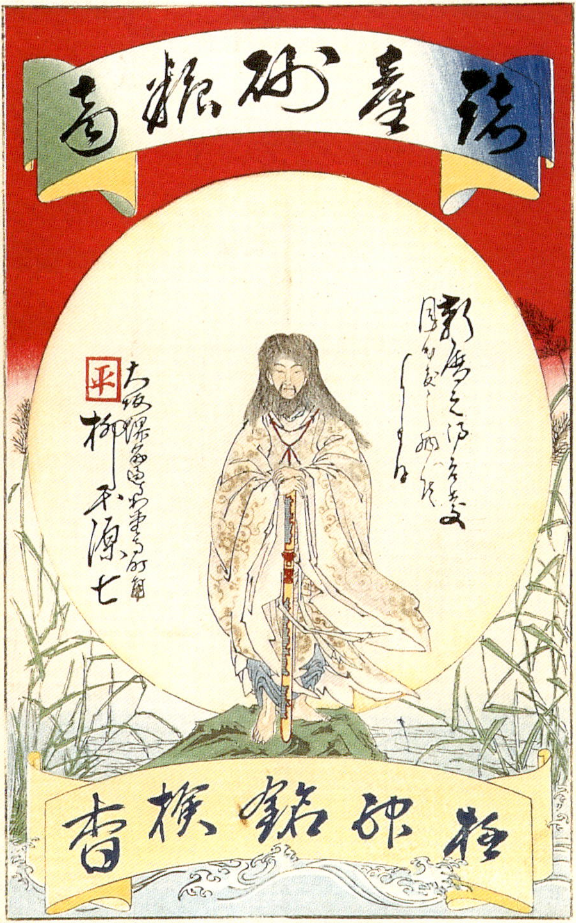

出世鑑
小野道風

小野道風　明治29年　石版色刷
見立恵比寿の小野道風　石版色刷　巨泉画

義経八艘飛び　石版色刷　楓舟画

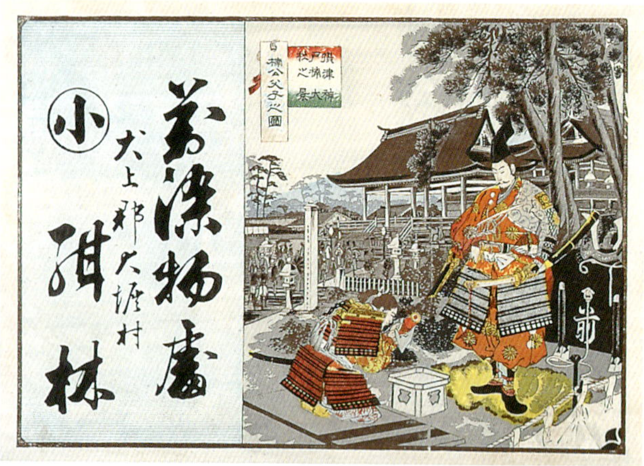

楠公子別れ之図　石版色刷

楠公父子之圖
摂津神戸楠大社之景

呉服太物商
郡山柳四丁目
和田徳店

小間物商
宇陀郡
御杖村大字桃俣
中村商店

新羅三郎義光笙の奥儀を授くる図　石版色刷　巨泉画
橘逸勢とお福　石版色刷　長谷川貞信画
伽羅先代萩　明治44年　石版色刷　国光画

傘製造所
并ニ提燈
おろし小賣
大和五條西入口
火打野屋事
柴田商店

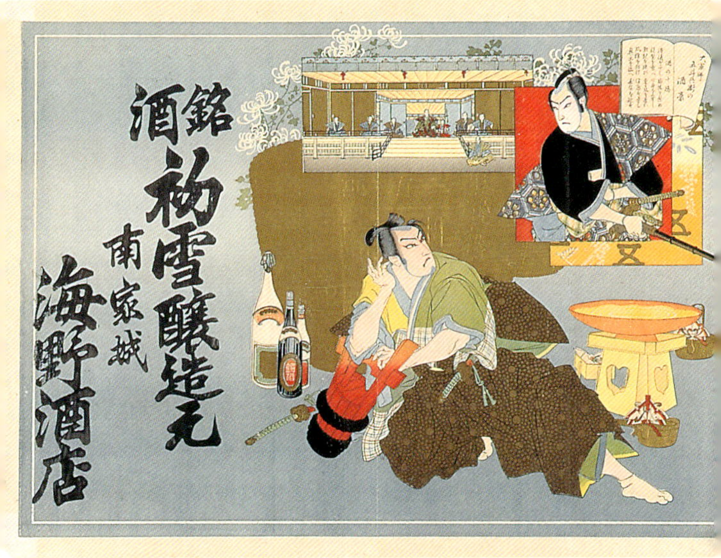

助六　石版色刷
大軍師五斗兵衛の酒豪　石版色刷

曾我兄弟と大磯の虎(刷見本)　石版色刷
曾我五郎と化粧坂の少将　石版色刷

天照皇太神宮

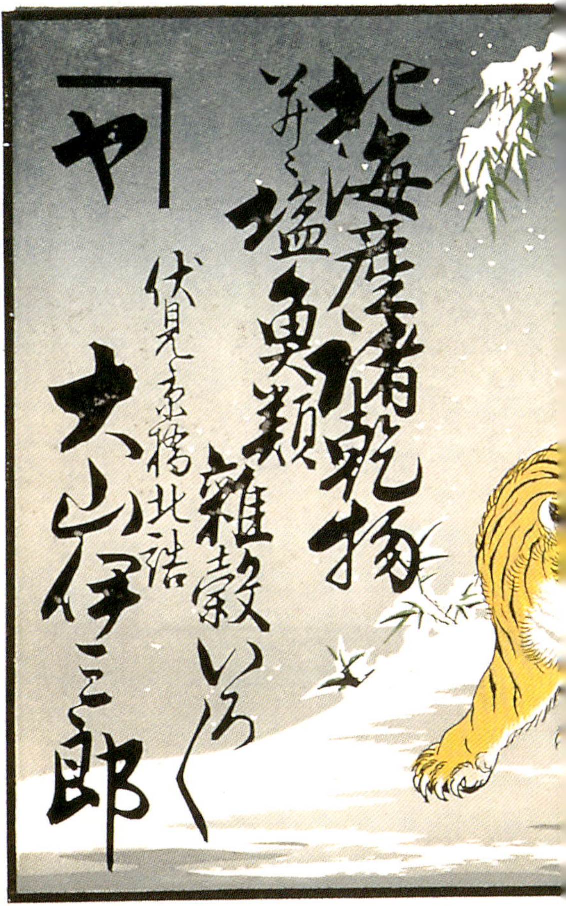

和藤内虎退治　石版色刷

桃太郎獅子鷲討ち　石版色刷　基斎画

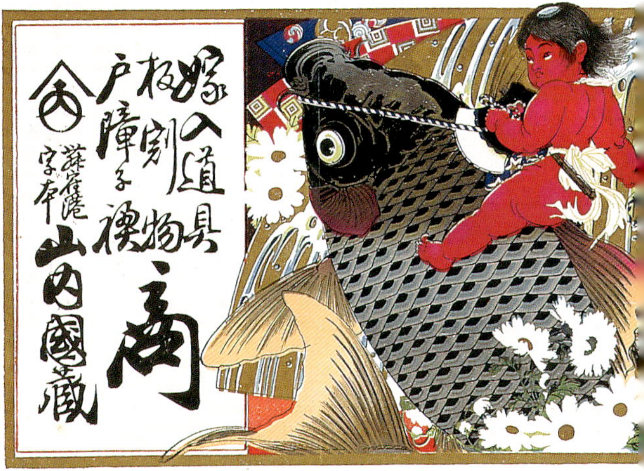

鯉乗り金太郎　石版色刷

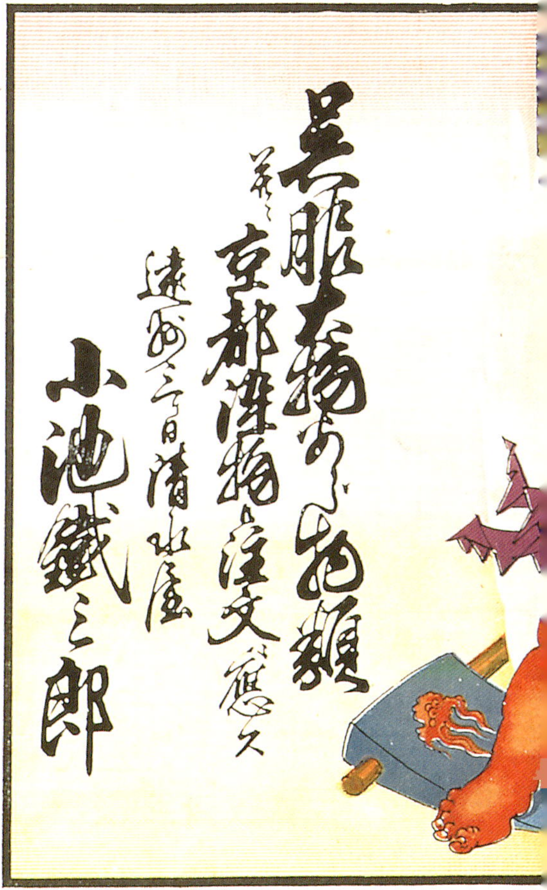

昭憲皇太后と大鷲を討つ金太郎　石版色刷

不如帰　石版色刷

宣伝の常套
美人と子供

早春の美人　石版色刷

呉服太物商
摂津有馬郡
五丁
商店

雪中美人　石版色刷

雪景色と美人　明治42年　石版色刷

◀黒紋付の美人　石版色刷

◀◀美人年賀之図　石版色刷

京染呉服悉皆所
御菓子司
ウ
彦根川原町
山田丑蔵

呉服太物
其他雜貨小賣商
藤澤村
倉田屋商店

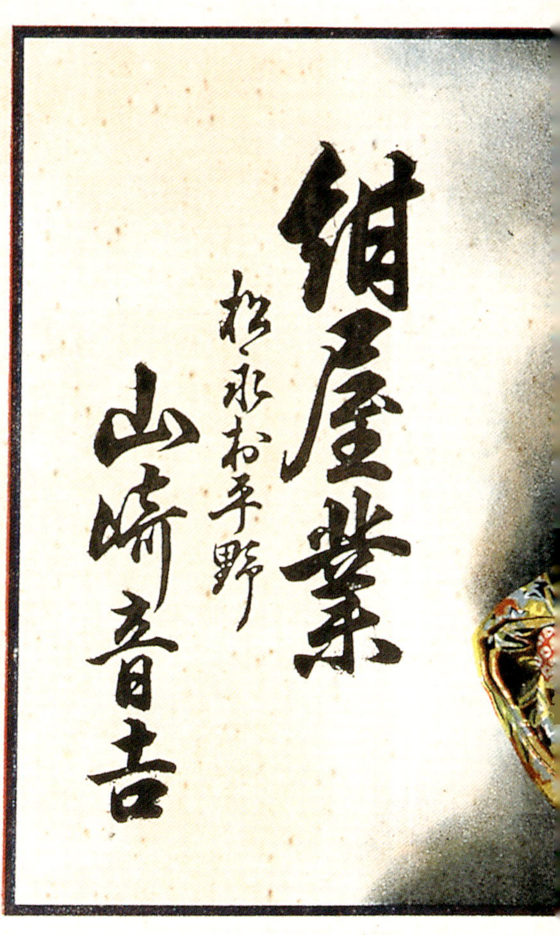

鏡餅を運ぶ美人　石版色刷

柳桜と女学生　明治35年　石版色刷
梅と女学生　明治37年　石版色刷

大
諸糸組物類 卸商
リボン色々
新形リボン製造
京都市東洞院五条下ル
奥田徳次郎

萬荒物商
上森商店

桜と美人　明治44年　石版色刷

富士と洋装美人　石版色刷　海舟画

大石内蔵助と禿　木版色刷

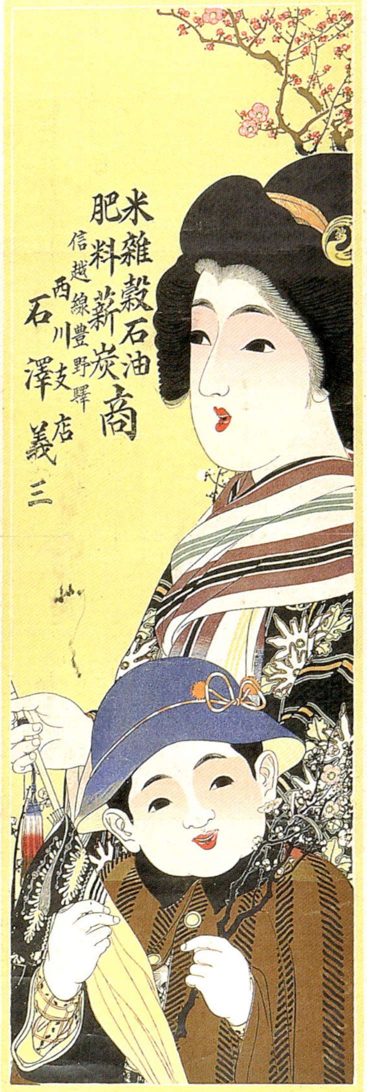
米雜穀石油
肥料薪炭商
信越線豊野驛
西川支店
石澤義三

傘を持つ母子　石版色刷

不老
長生
富貴の花

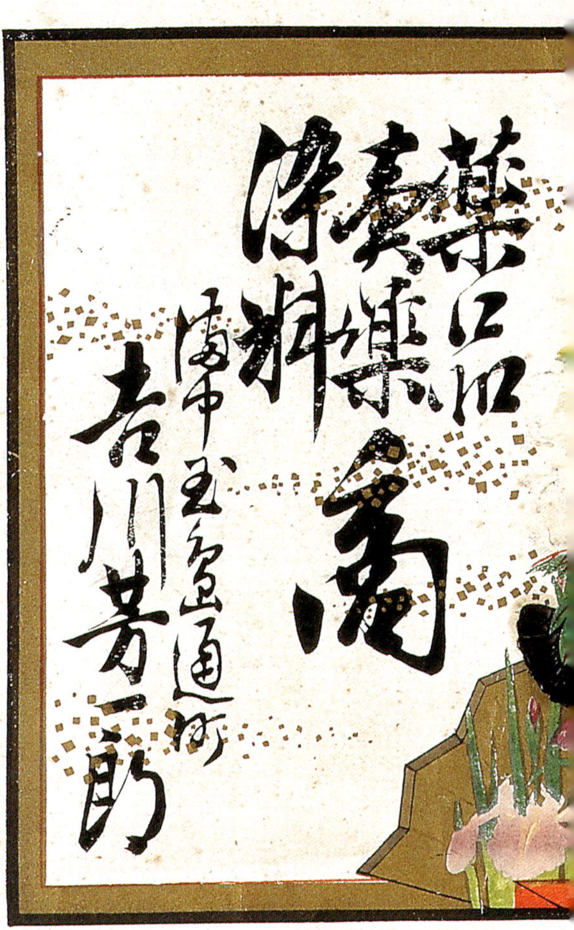

牡丹を見る母子　石版色刷

福笹をつくる美人と子供　石版色刷
白梅と菊と母娘　石版色刷

飾磨郡
小林

製造
益々學校用具大勉強
大橋正助

年賀の娘と子供　石版色刷

玩具の自動車に乗る子と母　石版色刷

◀ 七福神と書初めの子供たち　石版色刷

大黒天
印度《いんど》の大黒天《だいこくてん》を称《しやう》す然《しか》れど日本《にほん》にては大国主《おほくにぬし》の神《かみ》ともいへり
辨財天
印度《いんど》の女神《によしん》なり俗《ぞく》には市杵島《いちきしま》姫神《ひめかみ》と称《しやう》ふ
恵比須
神代《じんだい》の蛭子《ひるこ》の命《みこと》を祀《まつ》り崇《あが》めしものなりとぞ

財寶を授くる神とす
福祿壽 壽星とも稱し延命を司る神なり
布袋和尚 唐土經山寺の僧 彌勒の再生といふ
壽老人 南極老人星とも云ひ支那より起る
砂糖菓子
賣藥ミルク
たばこ
西津長町
浦谷久治

蛇ノ目の親子　石版彩色

時代を映す
文明開化

恭賀新年
呉服太物商
近力商店

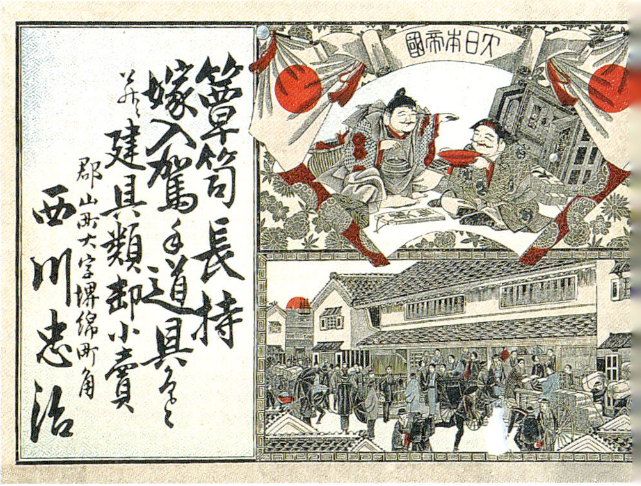

洋館年初之図　明治29年　木版色刷
恵比寿大黒初荷　明治25年　石版色刷

油問屋の正月迎え　石版色刷
ガス燈　明治27年　石版色刷

呉服反物
正札附
大勉強
三國町一丁目
大谷商店

鉄道開通を祝う　石版色刷
旭日に富国之図　石版色刷

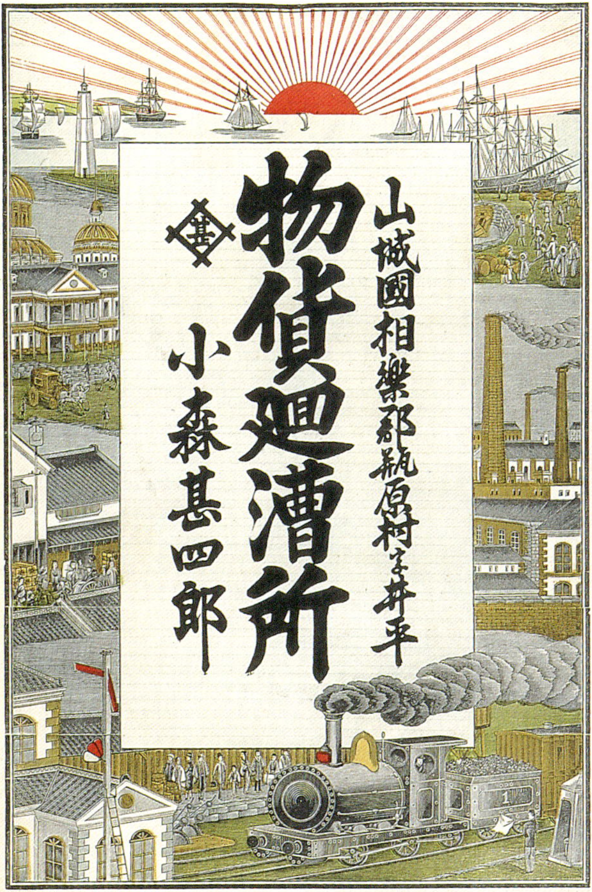
山城國相樂郡瓶原村字井平
物貨廻漕所
小森甚四郎

汽車　明治37年　石版色刷

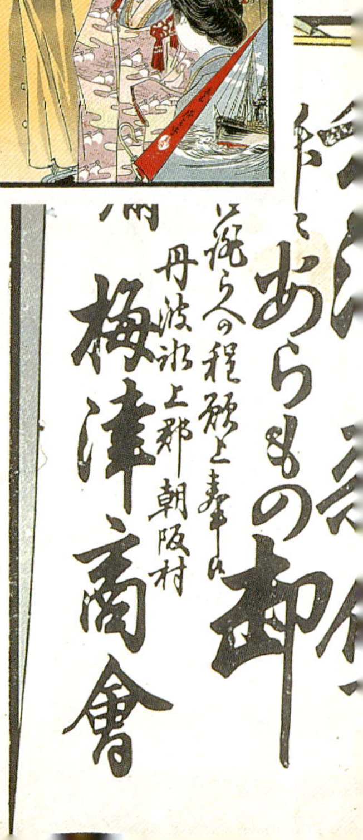

自転車に乗る異人と汽車と婦人
石版色刷　国一画
駅　石版色刷

汽車と七福神　明治38年　木版色刷

東岡間鉄道之図　明治40年　銅版・石版色刷

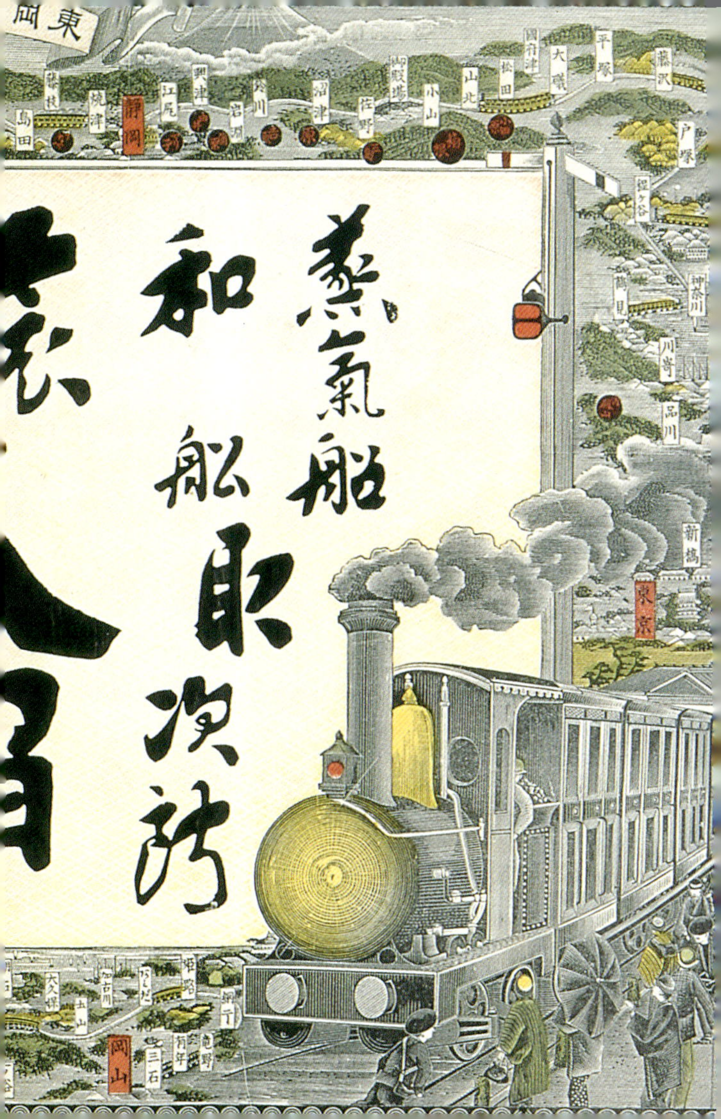

蒸氣船
和船
取次所
藤沢
平塚
大磯
国府津
松田
山北
小山
御殿場
佐野
沼津
鈴川
岩渕
興津
江尻
静岡
焼津
藤枝
島田
戸塚
程ヶ谷
神奈川
鶴見
川崎
品川
新橋
東京
姫路
加古川
大久保
土山
神戸
岡山
三石
有年
竜野

唐子に汽車と汽船　石版色刷
電話　石版色刷　如泉画

㊎ 風流下駄找う里
伏見納屋町
北常商店

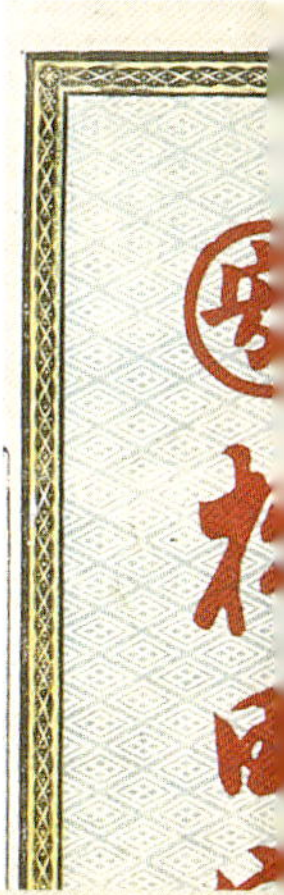

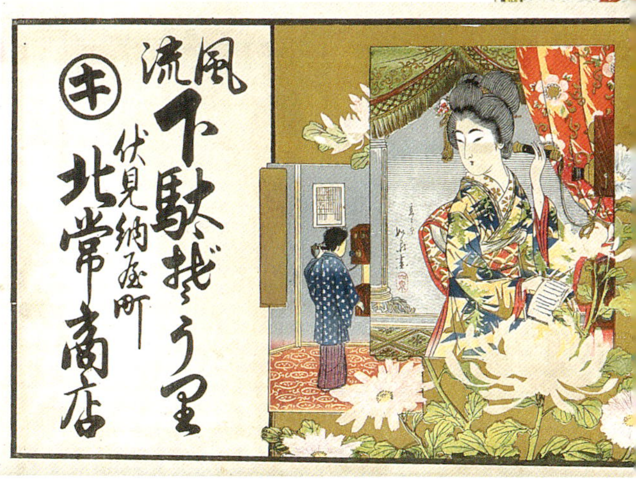

電話　明治43年　石版色刷

蒸気船　石版色刷

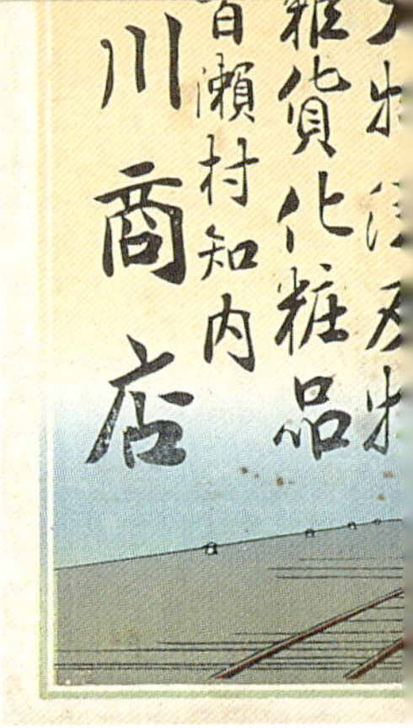

美人と飛行機と蒸気船　木版色刷
富士に蒸気船　石版色刷

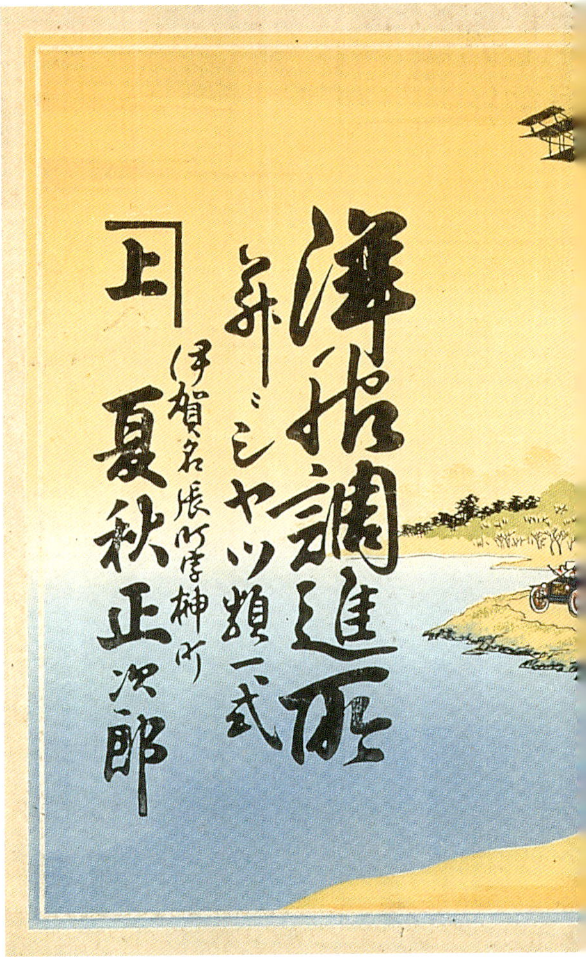

婦人子供と飛行機と自動車　石版色刷

異国人演説之図　石版色刷

大日本大阪市東區道修町四丁目六十番屋敷
電話拾六番
吉田洋紙店
專賣特許第一七八八號砂子印刷所

異国人　石版色刷

年初のお福と煎茶を楽しむ異人　石版色刷

日本があかるくなって亜西亜ハ闇

帝国万歳　明治28年　石版色刷
◀ 進撃　石版色刷

諸金櫃製
并ニ街燈造所
伏見町字大坂町新町角
下村合名社
長春
奉天

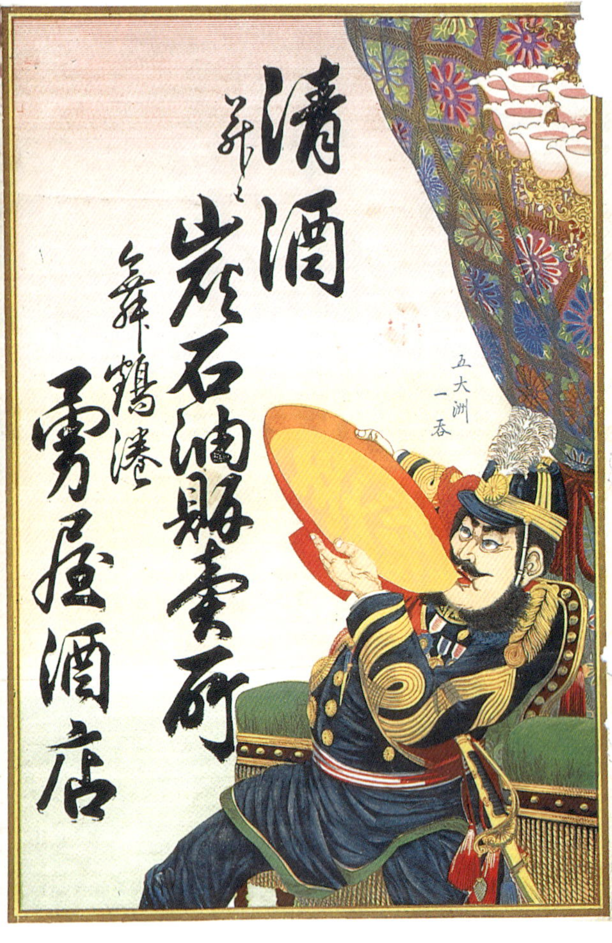
五大洲
一呑
清酒
炭石油販売所
舞鶴港
勇屋酒店

五大州一呑　明治30年　石版色刷

謹迎明治三十年
大勉強廣告

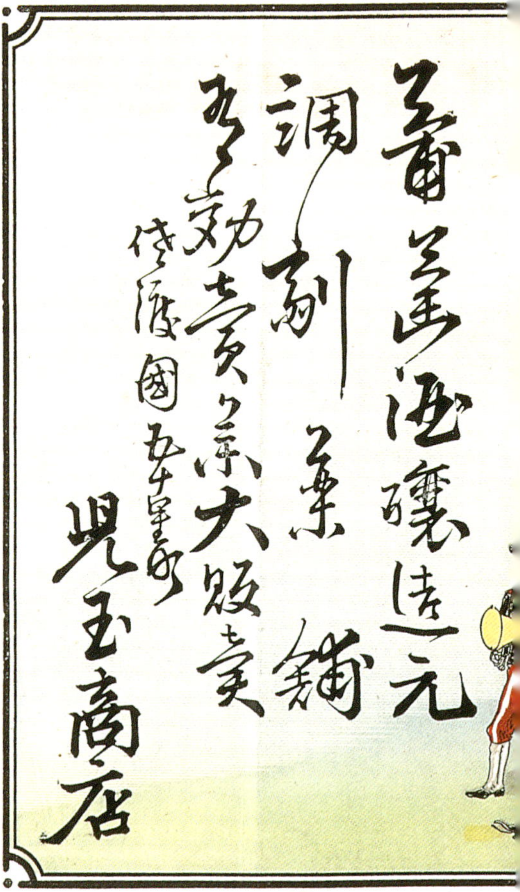

凱旋行列　明治30年　石版色刷

千萬円

恵比寿大黒に群がる子供たち　石版色刷

福助　石版色刷
帝国万歳　石版色刷

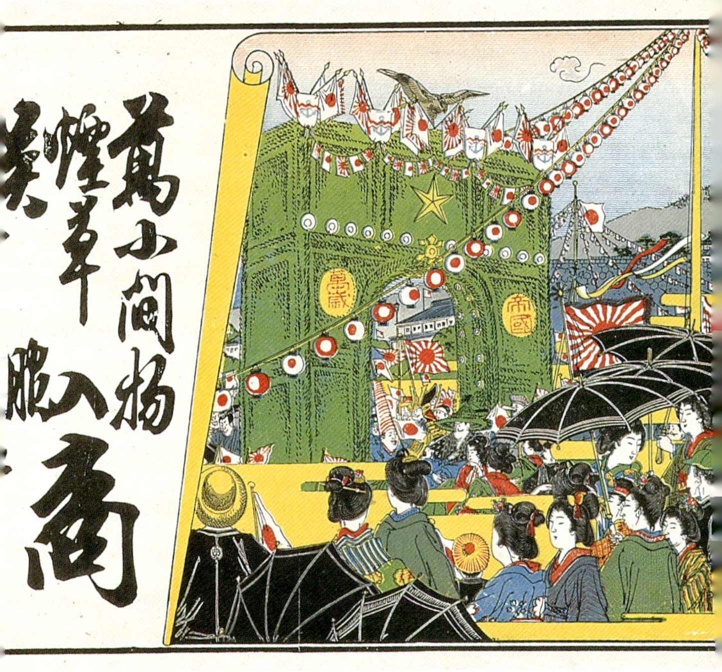
萬小間物
煙草
商
萬歳
帝國

出羽中將
上村中將
東郷大將
片岡中將
我ヶ潜航
水雷艇

軍艦と将軍（刷見本） 石版色刷

子供と銃と戦闘機　石版色刷

帝国万歳　石版色刷

富士と出航を見送る子供たちと戦闘機　石版色刷

情報サービス

郵便

第一種郵便物	書状
第二種郵便物	郵便葉書
第三種郵便物	毎月一回以上発行する新聞紙及定期刊行の雑誌にして内務省の認可を得たるもの
第四種郵便物	書籍、冊子、印刷物、営業用書類、写真、地図、図画、商品見本、久留米絣、博物標本、農産物種子

量目区分	料金
文	二百目迄	一銭五厘
	小五百目迄	三十五銭
	六百目迄	四十銭
	九百目迄	五十銭
	千目迄	六十銭
	外内地需滞閲	七十銭

明治廿四年略曆

西曆千八百九十一年

清國光緒十七年辛卯

四方拜 一月一日

元始祭 一月三日

新年宴會 一月五日

孝明天皇祭 一月三十日

紀元節 二月十一日

春季皇靈祭 三月廿一日

神武天皇即位紀元 貳千五百五十一年

神武天皇祭 四月三日

秋季皇靈祭 九月廿三日

神嘗祭 十月十七日

天長節 十一月三日

新嘗祭 十一月廿三日

大 大の月れ三十一日

二月平廿八日 小の月れ卅日 小

一 一日 ね 舊大十一月廿一日

三 一日 いぬ 舊小正月廿一日

立春 二月 立夏 五月 立秋 八月 立冬 十一日

平年 三百六十

土用 一月十 四月十 七月二 十月廿

平二 一日 うま 舊小十二月廿二日

四 一日 み 舊大二月廿三日

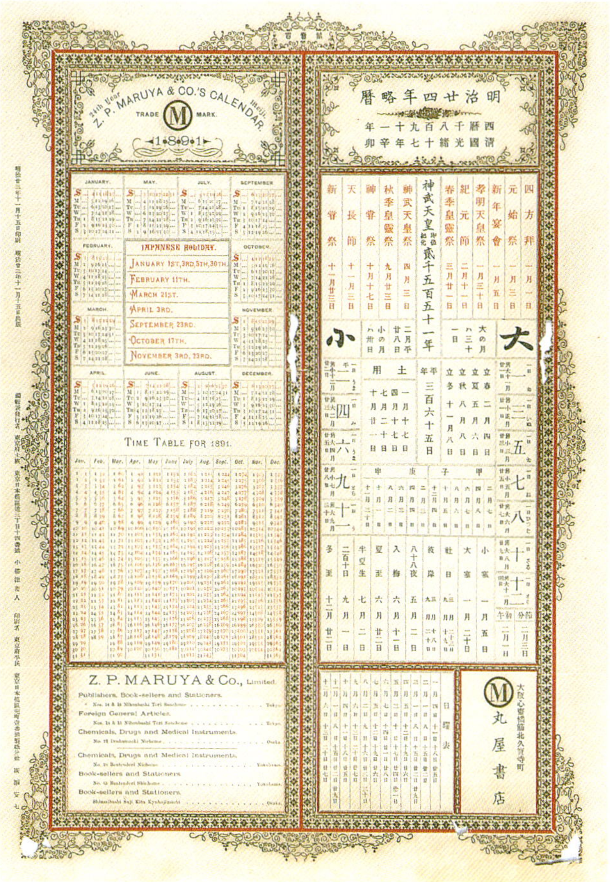

24th Year Meiji

Z. P. MARUYA & CO.'S CALENDAR

TRADE M MARK

1·8·9·1

JAPANESE HOLIDAY.

JANUARY 1ST, 3RD, 5TH, 30TH.
FEBRUARY 11TH.
MARCH 21ST.
APRIL 3RD.
SEPTEMBER 23RD.
OCTOBER 17TH.
NOVEMBER 3RD, 23RD.

TIME TABLE FOR 1891.

Z. P. MARUYA & Co., Limited.

Publishers, Book-sellers and Stationers. .... Tokyo.
Foreign General Articles. .... Tokyo.
Chemicals, Drugs and Medical Instruments. .... Osaka.
Chemicals, Drugs and Medical Instruments. .... Yokohama.
Book-sellers and Stationers. .... Yokohama.
Book-sellers and Stationers. .... Osaka.

明治廿四年略暦

西暦千八百九十一年
清國光緒十七年辛卯

四方拜	一月一日
元始祭	一月三日
新年宴會	一月五日
孝明天皇祭	一月三十日
紀元節	二月十一日
春季皇靈祭	三月廿一日
神武天皇御即位紀元	貳千五百五十一年
神武天皇祭	四月三日
秋季皇靈祭	九月廿三日
神嘗祭	十月十七日
天長節	十一月三日
新嘗祭	十一月廿三日

大の月

小の月

大阪心齋橋筋北久寶寺町

丸屋書店

明治24年略暦　銅版・石版色刷

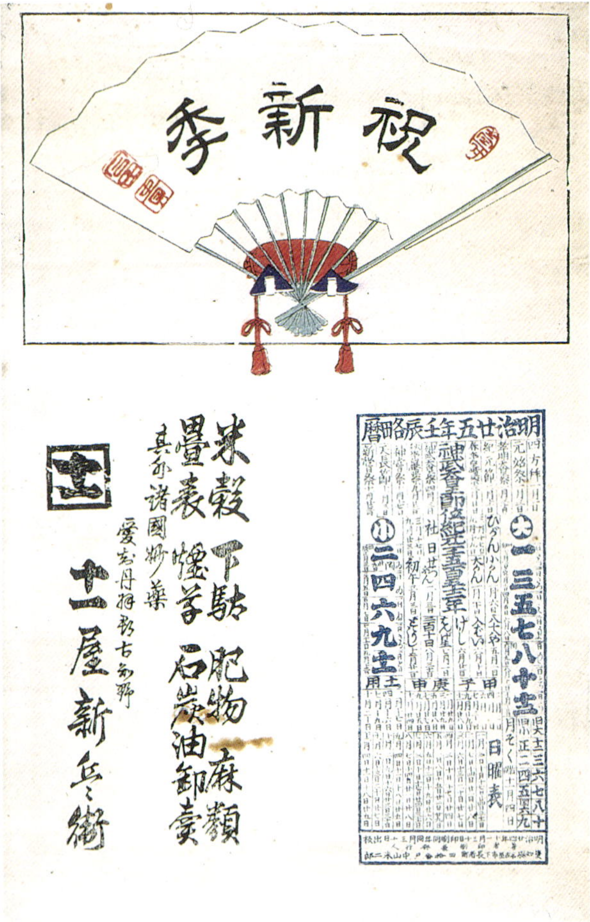

祝新季
米穀 下駄 肥物 麻類
畳表 煙草 石炭油 卸賣
其外諸國御薬
愛知県丹羽郡古知野
十一屋 新兵衛
明治廿五年壬辰略暦
日曜表

祝扇　明治25年略暦　木版色刷
高砂と鶴亀　明治28年略暦　石版色刷

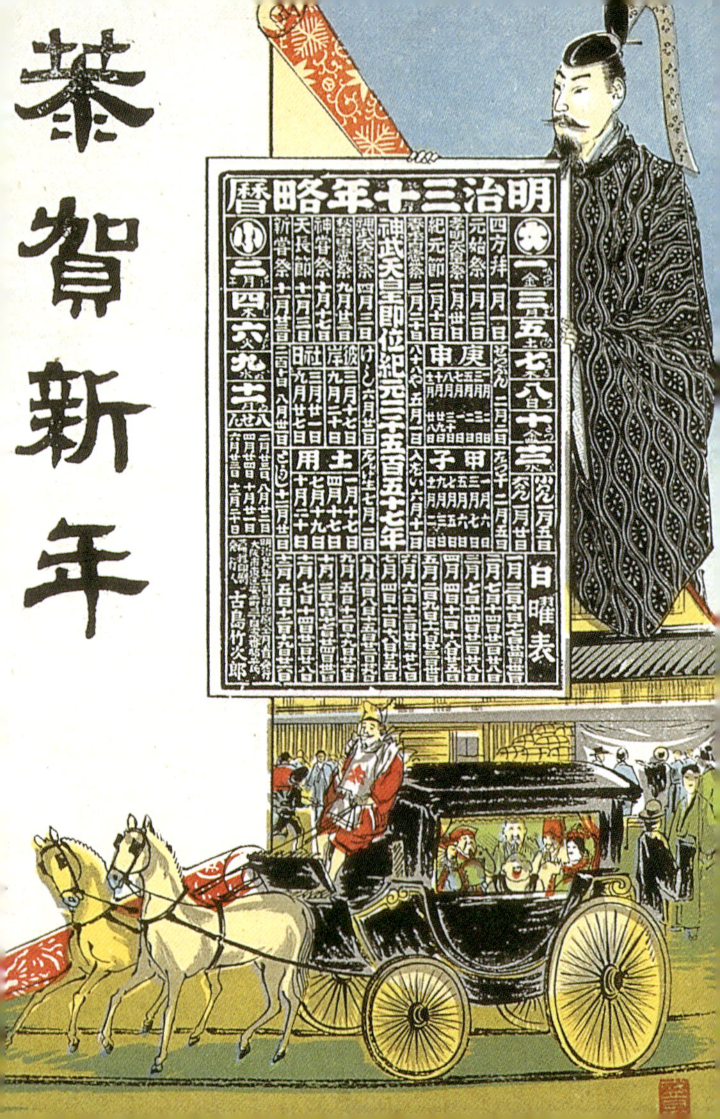

恭賀新年
明治三十年略暦
神武天皇即位紀元二千五百五十七年
四方拝 一月一日
元始祭 一月三日
孝明天皇祭 一月卅日
紀元節 二月十一日
春季皇霊祭 三月二十一日
神武天皇祭 四月三日
秋季皇霊祭 九月廿三日
神嘗祭 十月十七日
天長節 十一月三日
新嘗祭 十一月廿三日
庚申
甲子
彼岸
社日
土用
日曜表
古島竹次郎

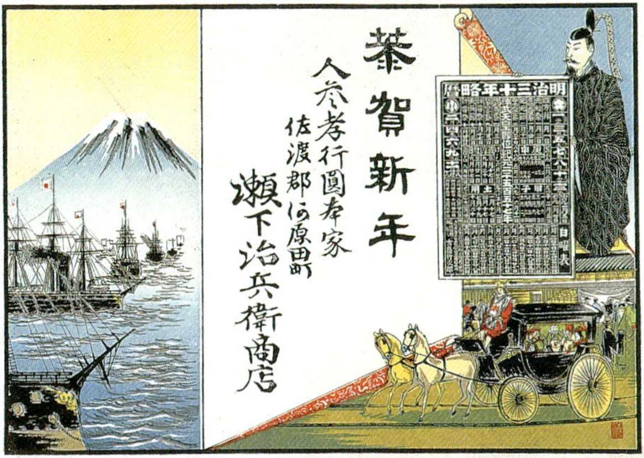

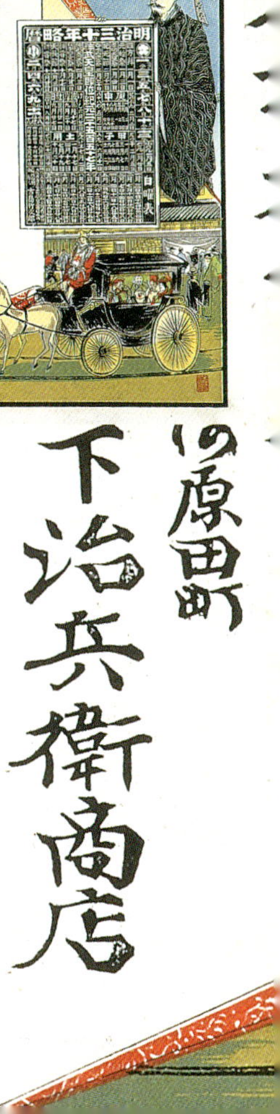

富士に軍艦君子と馬車に乗る七福神
明治30年略暦　木版色刷
◀ 転宅御披露　木版色刷
◀◀ 浪花四ツ橋真図　木版色刷

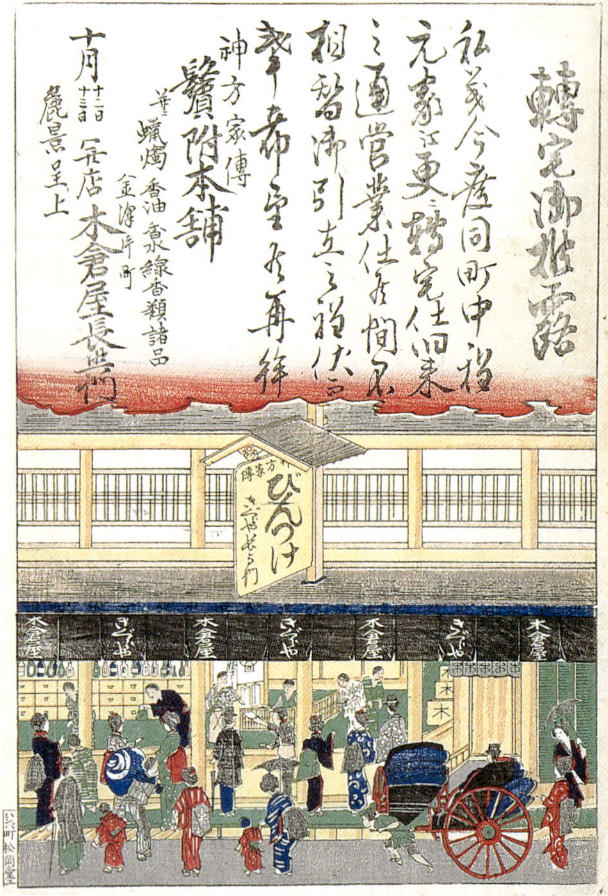
轉宅御披露
神方家傳
鬢附本舗
並ニ 蠟燭 香油 香水 線香類 諸品
金澤片町
十月十二日 十三日 開店 木倉屋長右衛門
麗景呈上
神方家傳 びんつけ
木倉屋
きくや

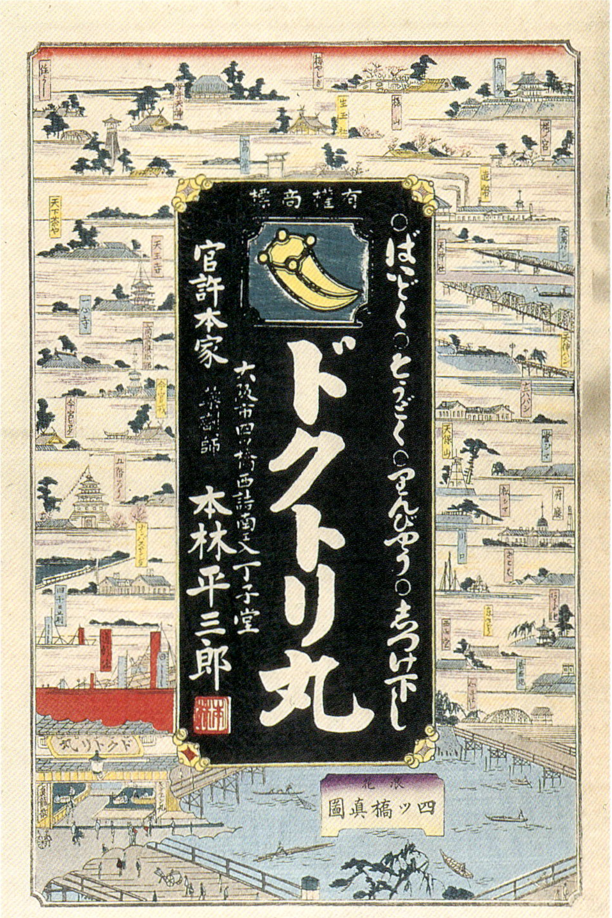
有權商標
○ばいどく○とうどく○りんびやう○きつけ下し
ドクトリ丸
官許本家
賣藥劑師
大阪市四ツ橋西詰南ヱ入 丁子堂
本林平三郎
ドクトリ丸
浪花
四ツ橋真圖

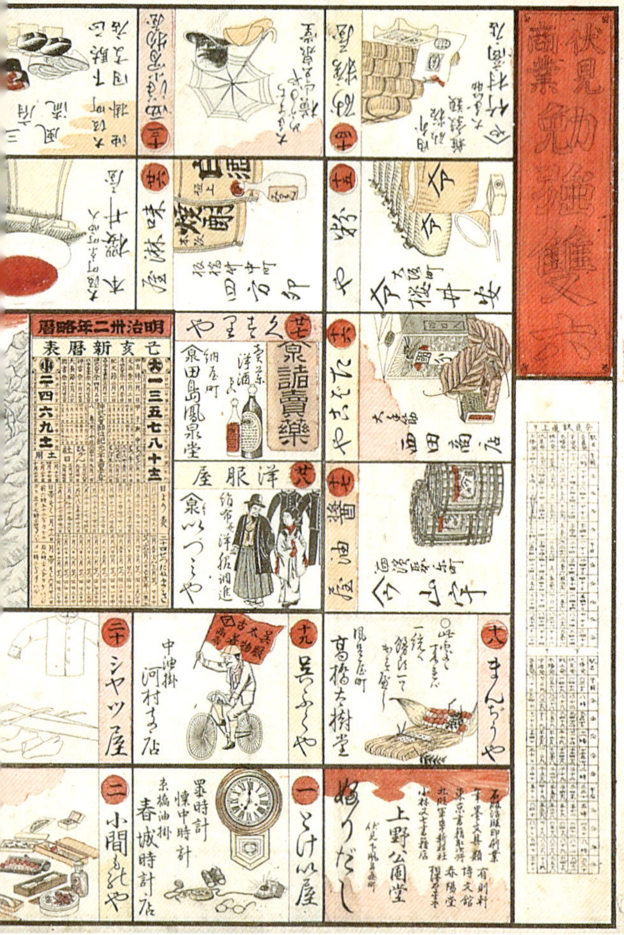

伏見商業勉強雙六
明治卅二年略暦
己亥新暦表
洋服屋
泉諸賣薬
やまとや
たばこや
醤油屋
まんぢうや
ふりだし
上野公園堂
一 とけい屋
墨時計
懐中時計
京橋油掛
春城時計店
二 小間ものや
十九 呉ふくや
中油掛
河村呉服店
二十 シヤツ屋

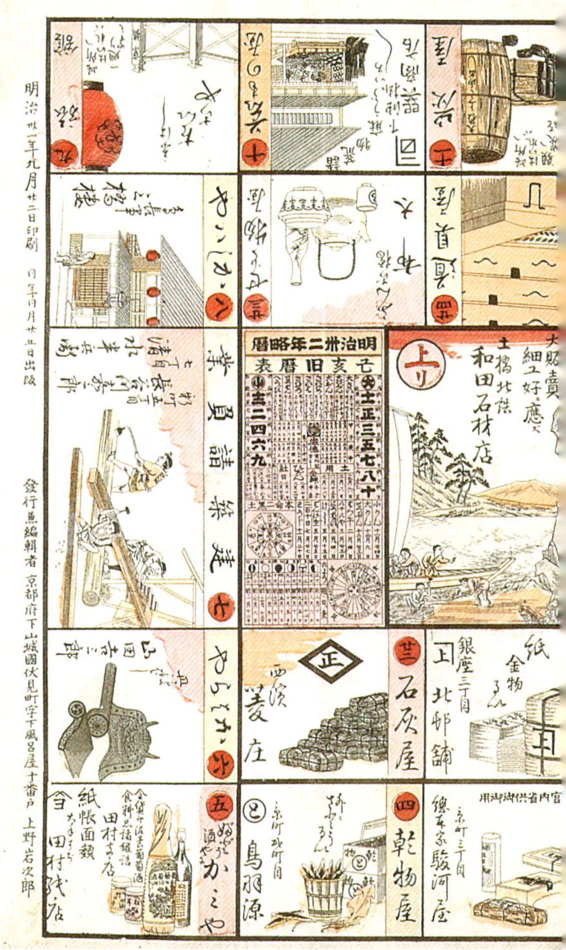

伏見商業勉強双六　明治32年略暦　木版色刷

大福帳
入船帳

米問屋　明治34年略暦　木版色刷

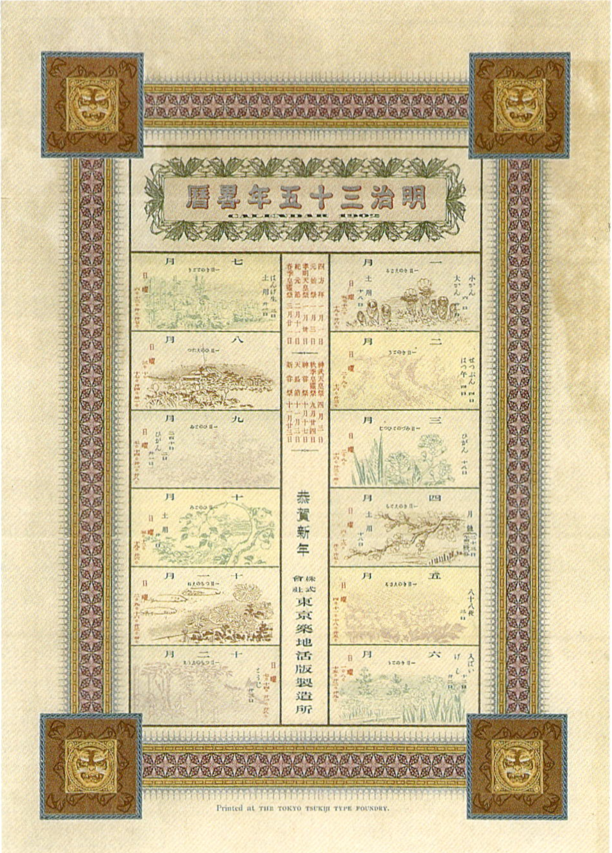

四季草花　明治35年略暦　銅版・石版色刷

明治三十五年

…LENDAR 1902

四方拝 一月一日
元始祭 一月三日
孝明天皇祭 一月卅日
紀元節 二月十一日
春季皇靈祭 三月廿一日

神武天皇祭 四月三日
秋季皇靈祭 九月廿四日
神嘗祭 十月十七日
天長節 十一月三日
新嘗祭 十一月廿三日

恭賀

はんげ生 二日
土用 廿一日

一月
一日きのえさる
小かん 六日
大かん 廿一日
土用 十八日
日曜 五。十二。十九。廿六。

二月
一日きのとう
せつぶん 四日
はつ午 四日
日曜 二。九。十六。廿三。

三月
一日みづのとひつじ
ひがん 十八日
日曜 二。九。十六。廿三。卅。

四月
一日きのえとら
土
月
日

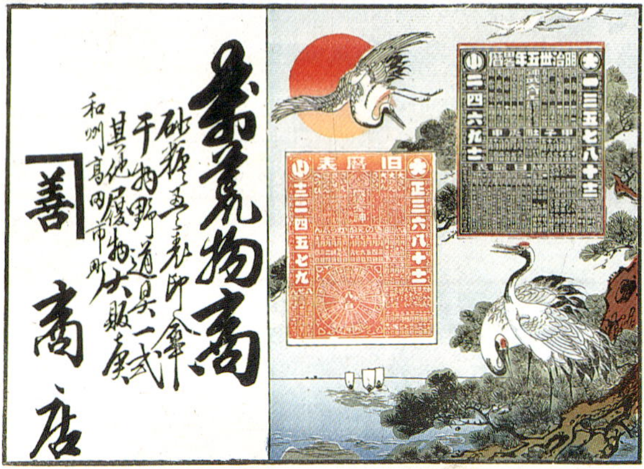
明治廿五年略暦
旧暦表
荒物商
和州高田市町
善
商店

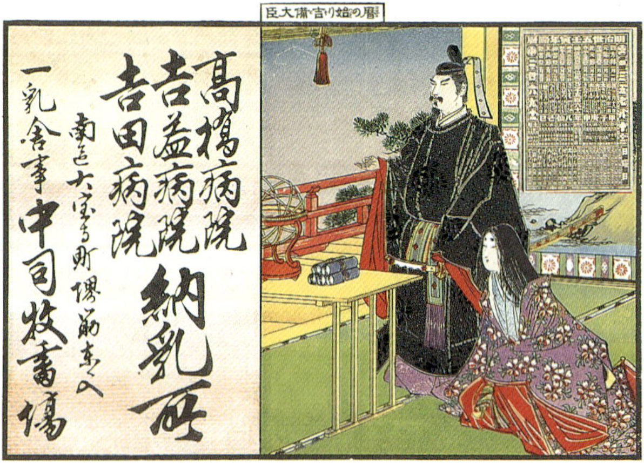
暦の始り吉備大臣
高橋病院
吉益病院
吉田病院
納乳所
中司牧畜場

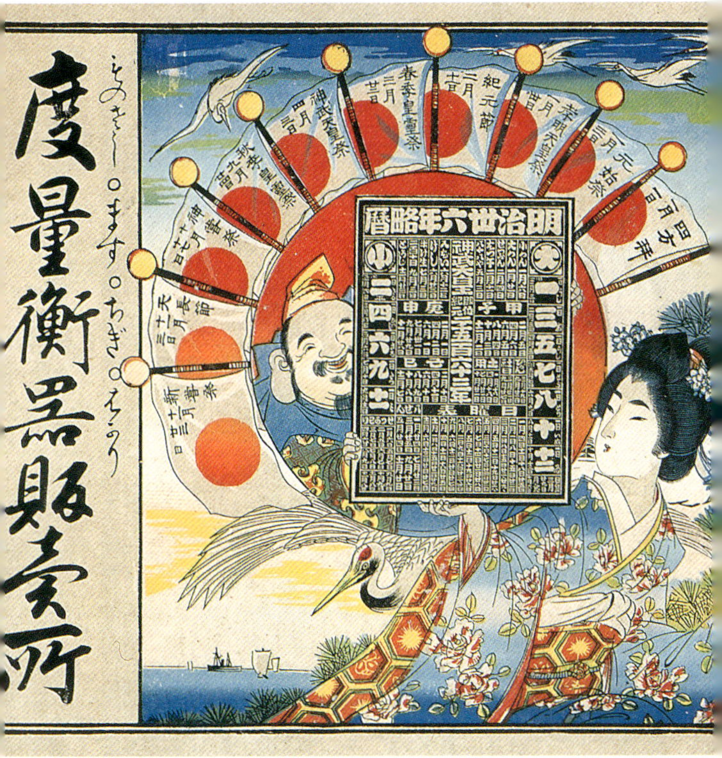

旭日に鶴　明治35年略暦　石版色刷
吉備大臣　明治35年略暦　石版色刷
日の丸と恵比寿に美人　明治36年略暦　石版色刷

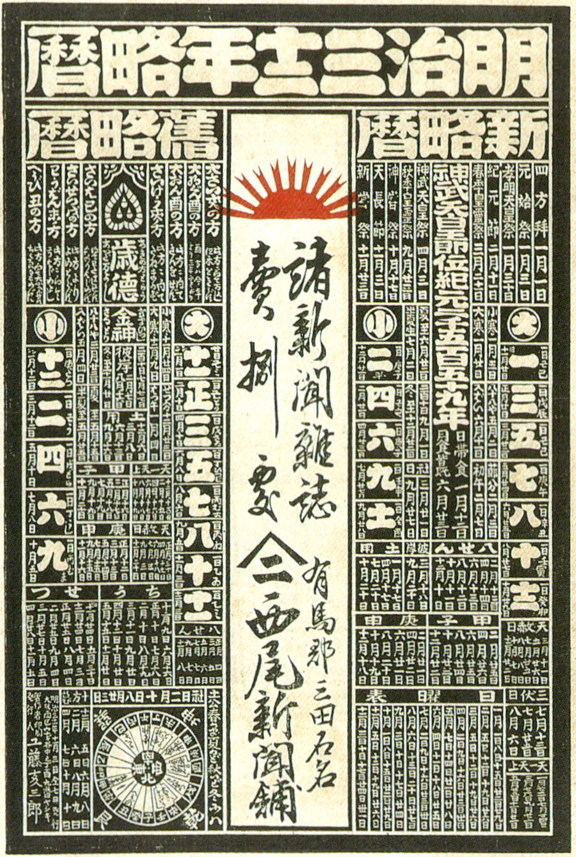

明治三十三年略暦
新略暦
舊略暦
諸新聞雑誌
賣捌所
有馬郡三田右名
西尾新聞舗

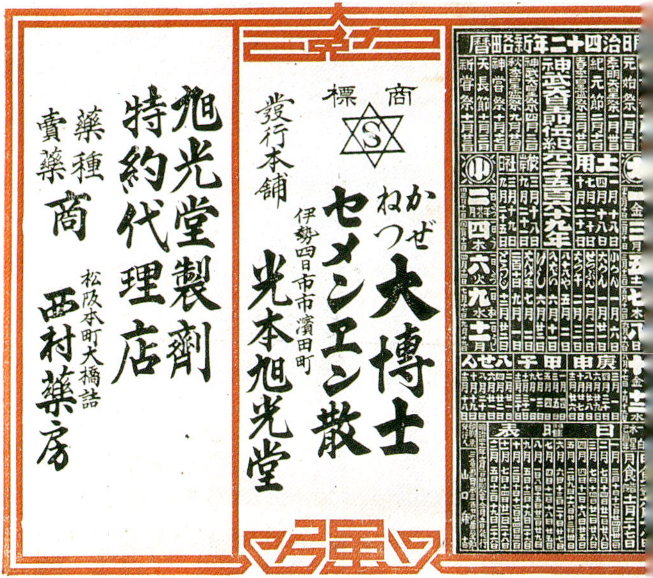

明治32年略暦　木版二色刷

明治42年略暦　木版二色刷

小包賃金表
同一郵便局区内 普通金四銭 書留金八銭
内地普通書留
量目 普通 書留
二百目迄 八銭 十二銭
四百目迄 十二銭 十八銭
六百目迄 十六銭 廿四銭
八百目迄 二十銭 三十銭
量目 普通 書留
一貫目迄 廿四銭 卅六銭
一貫二百目迄 廿八銭 四十二銭
一貫四百目迄 卅二銭 四十八銭
一貫六百目迄 卅六銭 五十四銭
内地台湾樺太及清韓
二百目迄 三十銭
四百目迄 卅五銭
六百目迄 四十銭
九百目迄 五十銭
一貫二百目迄 六十銭
一貫六百目迄 七十銭
肥料酒類雑品
其他色〻
東濃伊深村開屋
角屋遠山商店

大黒と財宝に鼠　石版色刷

恵比寿大黒大儲けの図　明治44年略暦　石版色刷
明治45年略暦　木版墨刷

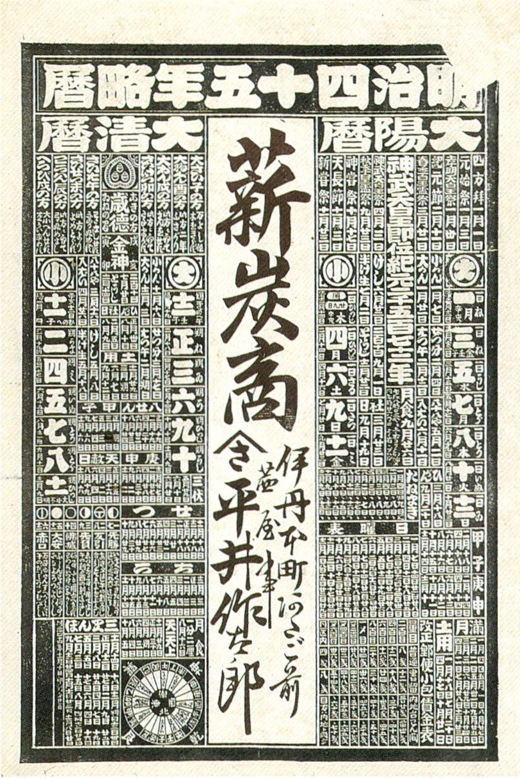
明治四十五年略暦
太陽暦
大清暦
薪炭商
平井作左郎

大垣南新町

郵便物早見

第一種郵便物	書状
第二種郵便物	郵便葉書
第三種郵便物	毎月一回以上刊行スル定期刊行物
第四種郵便物	書籍、印刷物、業務用書類、寫真、書画、圖、商品見本及雛形、博物標本
第五種郵便物	農産物種子

改正小包賃金表

量目	普通	書留
二百目迄	八戔	十二戔
四百目迄	十二戔	十八戔
六百目迄	十六戔	廿四戔
八百目迄	二十戔	三十戔
一貫目迄	廿四戔	三十六戔
一貫二百目迄	廿八戔	四十二戔
一貫四百目迄	三十二戔	四十八戔
一貫六百目迄	三十六戔	五十四戔
同一區内	四戔	八戔

内地及樺太台湾間

目方	普通	書留
二百目迄	二十戔	三十戔
四百目迄	三十戔	四十戔
六百目迄	三十五戔	四十五戔
八百目迄	四十戔	五十戔
一貫目迄	四十五戔	五十五戔
一貫二百目迄	五十戔	六十戔
一貫四百目迄	五十五戔	六十五戔
一貫六百目迄	六十戔	七十戔

手数料

書留通知料 金三戔
配達証明料 同三戔
書留トメ料 同七戔
別配達料 陸上二里迄二十戔 以上一里毎ニ十五戔加

通常電報料

市區町村内ニテ発受スル電報 片仮名十五字以内十戔 五字以内加フル毎ニ五戔増ス 前記以外ノ地ハ十五字以内廿戔 五字以内加フル毎ニ五戔増ス

郵便為換料

十円マデ六戔 二十円マデ十戔 三十円マデ十五戔 四十円マデ十八戔 五十円マデ廿二戔 以上十円毎ニ四戔ヅヽ増シ百円限 小為換 三戔

電信為換料

十円マデ三十戔 二十円マデ三十五戔 三十円マデ四十戔 四十円マデ四十五戔 五十円マデ五十戔 以上十円ヲ加フル毎ニ五戔マシ百円マデ七十五戔

大正二

太陽暦

元始祭 一月三日
新年宴會 一月五日
紀元節 二月十一日
春季皇靈祭 三月廿一日
神武天皇祭 四月三日
神武天皇即位紀元二千五百七十三年
明治天皇祭 七月卅日
天長節 八月卅一日
秋季皇靈祭 九月廿四日
神嘗祭 十月十七日

大

一	一日午 舊十一月廿六日
三	一日巳 舊十二月廿四日
五	一日午 三月廿五、
七	一日未 五月廿七、
八	一日寅 六月廿九、
十	一日卯 九月二、
十二	一日辰 十一月四、

庚申 二月八日 四月九日 六月八日 八月七日 十月六日 十二月五日

甲子 二月十二日 四月十三日 六月十二日 八月十一日 十月十日 十二月九日

小かん 一月六日
大かん 一月廿一日
せつぶん 二月三日
はつ午 二月六日
八十八や 五月二日
入ばい 六月十一日
げし 六月廿二日
はんげしやう 七月二日
二百十日 九月一日
とうじ 十二月廿二日

八せん 一月三十一日 四月一日 五月三十一日 七月三十日 九月廿八日 十一月廿七日

土用 一月十八日 四月十八日 七月二十日 十月廿一日

己巳 二月十七日 四月十八日 六月十七日 八月十六日 十月十五日 十二月十四日

小 一日丑 一日子 一日丑 一日酉 一日戌

ひがん 三月十八日 九月廿一日

日曜表

一月	五日 十二日 十九日 廿六日
二月	二日 九日 十六日 廿三日
三月	二日 九日 十六日 廿三日 卅日
四月	六日 十三日 二十日 廿七日
五月	四日 十一日 十八日 廿五日
六月	一日 八日 十五日 廿二日 廿九日
七月	六日 十三日 二十日 廿七日
八月	三日 十日 十七日 廿四日 卅一日
九月	七日 十四日 廿一日 廿八日
十月	五日 十二日 十九日 廿六日
十一月	二日 九日 十六日 廿三日 卅日
十二月	七日 十四日 廿一日 廿八日

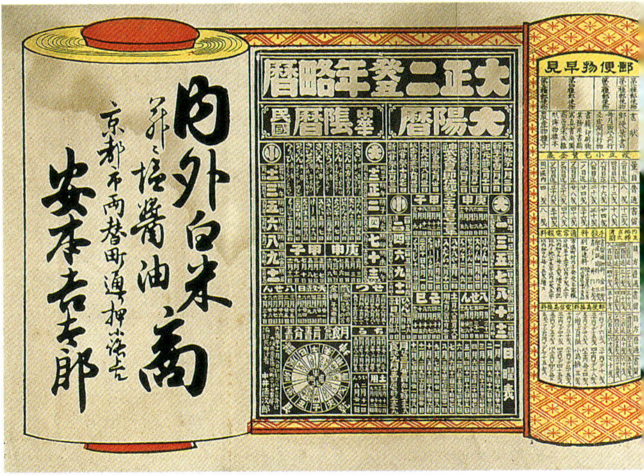

大正2年略暦と郵便早見表　石版三色刷

勧進帳（刷見本）　木版色刷　三世小信画
福笹と達磨と親子（刷見本）　大正5年略暦　石版色刷

大正五丙辰年略暦
大陽暦
支那暦
神武天皇即位紀元二千五百七十六年

梅と美人　大正7年略暦　石版色刷
時計台と電報配達夫　石版色刷　巨泉画

小町香

各國煙草
伏見大手筋京町東
山村商店
郵便物早見

バラと水仙と絵を描く美人　明治35年　石版色刷

本書は、平成八年十二月発行の「京都書院アーツコレクション」――『田村コレクション引札』を改訂・新装本としたものです。

田村資料館

化粧道具、装身具、着物など、女性の装いの品々を幅広く収集、春と秋の二回展観するが事前に確認が必要。また、引札、古地図といった明治〜大正時代の刷り物も多数所蔵。

京都府綴喜郡宇治田原町大字郷之口小字宇治山一三
〇七七四-八八-三八五五

田村コレクション　引札

紫紅社文庫

二〇一二年(平成二十四年)六月一日　第一刷発行

編　集　花　林　舎
発行者　勝　丸　裕　哉
発行所　紫　紅　社
〒六〇五-〇〇八九
京都市東山区古門前通大和大路東入ル元町三六七
電　話　〇七五-五四一-〇二〇六
FAX　〇七五-五四一-〇二〇九
http://www.artbooks-shikosha.com/
印刷製本　ニューカラー写真印刷株式会社

ISBN978-4-87940-605-7 C0172
定価はカバーに表示してあります。

現代最高の「色見本帳」　話題のロングセラー!!

日本の色辞典

●日本図書館協会選定図書

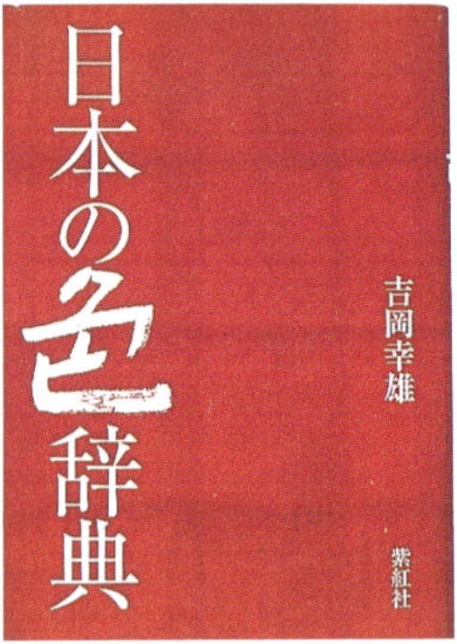

吉岡幸雄 著

古来私たち日本人は、季節に移り変わる自然の彩りや心象風景を、さまざまな色名にあらわしてきました。天平・飛鳥から平安朝をへて、武家の鎌倉・室町、さらに江戸時代にいたるまでに生み出された伝統色を本書で総覧いたします。当時と同じ植物染料と技法で色標本を再現しました。色名解説の決定版です。

Ａ５判　上製本
オールカラー304ページ
定価＝3,300円（税別）

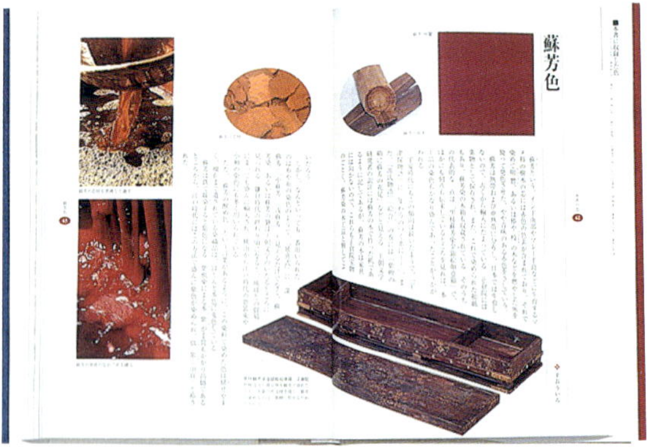

「源氏」千年の華麗な色彩

源氏物語の色辞典

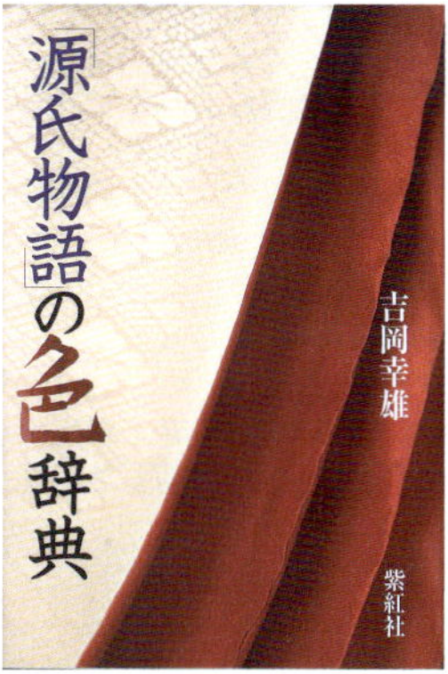

吉岡幸雄 著

『源氏物語』五十四帖を丹念に読みつつ、その「平安博物誌」と称賛される記述のなかから、色と衣裳に関する部分を引き寄せて、日本の染色界の第一人者、吉岡幸雄氏が往事の染色法そのままに再現した、夢を見るような色彩辞典。多彩な「襲の色目」を中心に、光源氏の愛した色と装束、女人たちの衣裳がいま甦ります。

A５判　上製本
オールカラー256ページ
定価＝3,300円（税別）

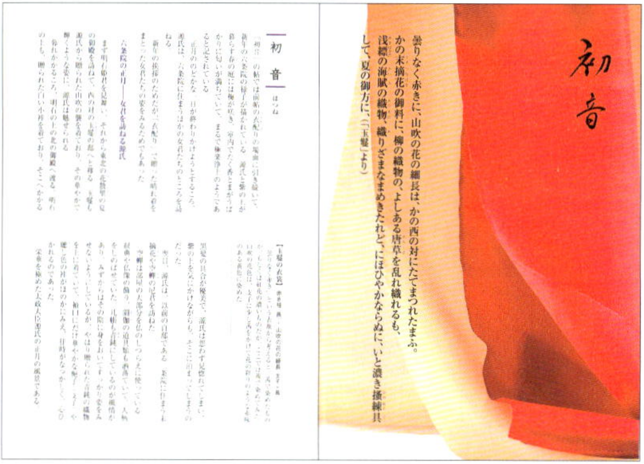

紫紅社文庫のレトロデザインセレクション

レトロポスターに広告の源流を見る

日本のポスター　明治 大正 昭和

三好　一 著

明治から昭和20年代の傑作ポスターを集大成し、日本の広告の源流を見る。懐かしくもあたたかい日本の感性を思い出す「追憶の一冊」。デザイナーや広告関係者には必見のビジュアル文庫。

文庫判　264ページ　定価=1,200円(税別)

明日をすすむ温故知新の世界

日本のラベル　明治 大正 昭和

三好　一 著

商品に貼られたラベルは、その商品の中身を保証する重大な使命を担っていた。そういったラベルはその時代性をあらわし、かつデザイン性にすぐれたものが多いのに驚かされるだろう。

文庫判　328ページ　定価=1,200円(税別)

収集ブームを引き起こした卓越したデザイン

マッチラベル　明治 大正

三好　一 著

明治・大正期日本の大きな輸出商品だったマッチ。そこに貼られた商標ラベルの力は絶大で、他社と差を出すためデザイン製作には細心の注意が払われた。生産地、製造所別に分類して編集。

文庫判　264ページ　定価=1,200円(税別)

紫紅社文庫

ちりめん変化

大谷みちこ 著

奈良絵本・上

工藤早弓 著

奈良絵本・下

工藤早弓 著

菊と紅葉の文様

谷本一郎 著

日本の女性風俗史

切畑　健 編

唐長の「京からかみ」文様

千田堅吉 著

ぽち袋

—粋と遊び心

豊田満夫 著

櫻の文様

谷本一郎 著

図譜 和更紗の文様

吉岡幸雄 編

■オールカラー
■定価＝1,200円（税別）